1. 25일 동안 이 책을 공부하는 데 알맞은 학습 진도표입니다.
2. 공부한 날짜를 적고, 정해진 페이지를 찾아 공부한 뒤 '확인'에서 스스로 만족도를 체크합니다.

공부한 날			공부한 내용	틀린 부분	확인
Day 01	월	일	원리 ① 12~15쪽		☺ ☹
Day 02	월	일	원리 ① 16~19쪽		☺ ☹
Day 03	월	일	원리 ② 22~27쪽		☺ ☹
Day 04	월	일	원리 ② 28~31쪽		☺ ☹
Day 05	월	일	원리 ③ 34~37쪽		☺ ☹
Day 06	월	일	원리 ③ 38~41쪽		☺ ☹
Day 07	월	일	원리 ④ 44~47쪽		☺ ☹
Day 08	월	일	원리 ④ 48~51쪽		☺ ☹
Day 09	월	일	원리 ⑤ 54~57쪽		☺ ☹
Day 10	월	일	원리 ⑤ 58~61쪽		☺ ☹
Day 11	월	일	독해 원리로 읽기 64~67쪽		☺ ☹
Day 12	월	일	적용 ①, ② 68~71쪽		☺ ☹
Day 13	월	일	적용 ③, ④ 72~75쪽		☺ ☹
Day 14	월	일	적용 ⑤, ⑥ 76~79쪽		☺ ☹
Day 15	월	일	적용 ⑦, ⑧ 80~83쪽		☺ ☹
Day 16	월	일	적용 ⑨, ⑩ 84~87쪽		☺ ☹
Day 17	월	일	적용 ⑪, ⑫ 88~91쪽		☺ ☹
Day 18	월	일	적용 ⑬, ⑭ 92~95쪽		☺ ☹
Day 19	월	일	적용 ⑮, ⑯ 96~99쪽		☺ ☹
Day 20	월	일	적용 ⑰, ⑱ 100~103쪽		☺ ☹
Day 21	월	일	적용 ⑲, ⑳ 104~107쪽		☺ ☹
Day 22	월	일	적용 ㉑, ㉒ 108~111쪽		☺ ☹
Day 23	월	일	적용 ㉓ 112~114쪽		☺ ☹
Day 24	월	일	적용 ㉔ 115~117쪽		☺ ☹
Day 25	월	일	적용 ㉕ 118~120쪽		☺ ☹

학 논설문

독해란 무엇인가요?

[독해(讀 읽을 독, 解 풀 해): 글을 읽어서 뜻을 이해함.]

독해는 뜻풀이 그대로 글을 읽고 뜻을 이해하는 것입니다.

이것은 낱말과 문장의 단순한 이해뿐만 아니라 글쓴이의 의도를 파악해서 한 편의 글을 제대로 읽는 것을 의미합니다.

독해는 어떻게 나눠지나요?

국어 독해는 크게 문학과 비문학으로 나눌 수 있습니다. 문학은 시, 소설, 수필, 희곡 등의 사상이나 감정을 표현한 글을 말하며, 비문학은 객관적인 정보를 나타내는 설명문과 자신의 의견을 주장하는 논설문 등이 있습니다.

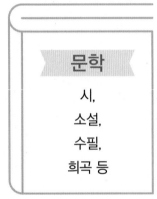

문학

시,
소설,
수필,
희곡 등

비문학

설명문,
논설문,
광고,
기사문 등

왜 초등 고학년부터 비문학 독해를 해야 할까요?

비문학을 초등학교 때부터 준비하는 것은 너무 이르다고 생각하시나요?

하지만 학생들은 이미 교과서에서 비문학 지문들을 배우고 있습니다. 재미없고 어렵다고 생각하면서요.

중학교에 간다고, 나이가 든다고 갑자기 비문학 지문이 잘 읽히진 않습니다.

왜냐하면 독해력은 갑자기 생기지 않기 때문입니다.

꾸준히 좋은 글을 읽고 글쓴이의 의도와 중심 내용을 찾는 연습이 필요합니다.

특히 꼭 필요한 낱말과 흥미로운 배경지식으로 구성된 좋은 글을 먼저 접하고, 다른 좋은 글을 찾아 읽을 수 있는 안목을 길러야 합니다.

초등 고학년은 더 복잡한 교과 공부를 시작하기 전에 독해를 바르게 시작할 수 있는 때입니다.

지금부터 독해 실력을 탄탄하게−

비문학 독해를 준비한 친구 VS 준비하지 않은 친구

비문학 독해를 준비한 친구

비문학 독해를 준비하지 않은 친구

지문을 읽을 때

제목이 「독서의 힘」이야. 독서에 어떤 힘이 있다는 걸까?

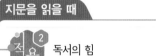

글쓴이는 어린이들의 독서량이 줄어드는 점을 문제 상황이라고 생각하고 독서를 하자고 주장하고 있어.

본론에서 독서를 통해 얻을 수 있는 것 세 가지를 근거로 제시했구나.

독서? 나는 독서 싫어하는데. …… 길다. 앞에서 뭐라고 했더라? 일단 문제나 풀자.

문제를 풀 때

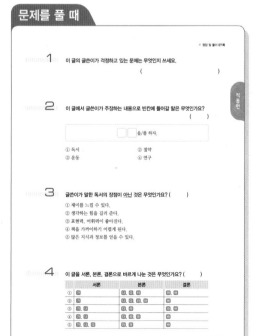

1번! 문제 상황이 무엇인지 묻고 있네. 알겠다!
2번! 글쓴이의 주장은 독서를 하자는 거였지.
3번! 근거로 제시했던 독서의 장점을 묻는 문제구나.
4번! 서론, 본론, 결론은 한눈에 보이니까 답을 금방 찾을 수 있겠네!

1번~ 독서를 하자는 게 문제점인가? 뭘 묻는 거지?
2번~ 주장? 그것도 독서를 하자는 건가?
3번~ 독서의 장점. 기억 안 나는데. 다시 읽어 봐야 하나?
4번~ 휴, 어렵다.

추천의 말

대학 수학 능력 시험(수능) 국어 영역은 주어진 글을 잘 읽고 이해하는 능력을 묻습니다. 이 능력은 결코 선천적으로 타고나는 것이 아닙니다. 어릴 때부터 논리적으로 글 읽기 훈련을 잘해 온 학생들은, 수능 국어 영역에서도 좋은 성적을 내는 경우가 많습니다.

이 책은 여러 분야의 글들을 알기 쉽게 두루 다루고 있어 초등학생들의 눈높이에서 논리적 독해력을 키우기에 좋은 교재입니다.

메가스터디 국어 비문학 독해 전문 강사 김동욱

수능에서 독해의 중요도가 계속 높아지고 있습니다. 중·고등 학생의 경우, 수능의 다른 영역은 공부를 통해 향상이 빠른 편이지만 독해의 경우 단기간에 향상되기가 힘듭니다. 이 때문에 초등학교 때부터 체계적인 독해 훈련이 필요합니다. 독해를 체계적으로 훈련할 수 있는 교재가 많지 않은데 동아출판에서 독해의 원리부터 실전 적용까지 다룬 교재가 나와 반갑습니다.

이 책은 지문과 문제의 유형이 고등 문제와 수능 국어 독해를 아우르고 있습니다. 다루고 있는 제재들도 많아 배경 지식 형성에도 큰 도움이 될 것입니다.

중고등 국어 전문 반포 한울국어학원 원장 김소희

생생 인터뷰

다양한 주제의 비문학 독서가 많은 도움이 되었습니다

큰 아이가 중학교에 입학하고 자유학기로 한참을 자유롭게 지내다가 공부 습관도 제대로 잡히지 않은 채로 첫 정기 고사를 치른 날의 충격이 지금도 또렷합니다.

당시 저희 아이는 수학과 영어 그리고 과학에 비중을 두고 공부를 했던 터라 다른 과목보다 20점 가까이 낮은 국어 점수를 보고 저와 아이 모두 충격에 빠졌습니다. 더욱 놀라운 것은 학년 전체 평균도 다른 주요 과목에 비해 국어의 평균이 10점 이상 낮았다는 것입니다. 그만큼 많은 아이들이 국어 공부를 제대로 하지 않았다고 생각합니다.

그 후 저희 아이는 상당한 시간을 국어 공부에 투자해야 했습니다. 다양한 영역의 독서를 꾸준히 병행한 결과 국어 성적이 조금씩 오르기 시작하였습니다. 특히 다양한 주제의 비문학 독서는 중학교 수행 평가에서도 큰 도움이 되었습니다.

– 목동 목운중학교 3학년 학부모 김민정 –

수능에서 국어, 특히 비문학 영역의 중요성이 부각되고 있습니다

수능에서 국어, 특히 비문학 영역의 중요성이 부각되고 있습니다. 비문학에서 변별을 당하지 않기 위한 수준의 독해력은 고등학교 때 잠시 공부한다고 해서 길러지는 것이 아닙니다. 이해력이 부족하면 '틀린 그림 찾기' 같은 읽기 방식에 의존하게 되고, 주어진 시간 대부분을 비문학에 할애해 문학과 화법, 작문 등에는 손도 대지 못한 채 답안지를 제출하는 불상사가 발생합니다.

이를 방지하려면 정보를 정확히 이해하는 연습을 초등학교 때부터 꾸준히 하여 올바른 독해 방법을 갖추어야 합니다.

– 연세대학교 영문학과 17학번 서진 –

독해를 연습하고 지문을 분석해 보는 것은 중·고등학교 중간·기말고사에도 효율적

작년 수능 국어를 준비할 때 특히 비문학 파트에서 어려움을 겪었습니다. 미리 준비하지 않아 독해 실력이 흔들렸고 지문을 빠르고 정확하게 이해하기 힘들었습니다. 그래서 무작정 지문을 읽기보다는 어휘, 독해, 문법 등 국어 영역별로 학습을 해서 부족한 부분을 보완하였습니다.

중요한 것은 국어 학습은 하루 만에 되는 것이 아니라 미리 꾸준하게 해야 효과를 볼 수 있다는 것입니다. 초등 고학년부터 국어 학습법을 제대로 익히면 빈틈없는 실력을 쌓을 수 있고, 독해 연습과 지문 분석을 통해 중·고등학교 중간·기말고사에도 효율적으로 대비할 수 있습니다.

– 서울대학교 화학부 17학번 이지혜 –

❶ 비문학 독해, 원리부터 배워요

논설문을 독해하는 데 필요한 다섯 가지 원리를 기초부터 차근차근

만화로 원리를 확인하며 재미있게 읽을 수 있습니다. 또 [만화 속 독해 원리]를 통해 독해를 하기 위한 핵심 개념을 익힐 수 있습니다.

[원리 연습]에서 원리에 대한 세부적인 개념을 익히고, 예시 문제를 반복적으로 풀면서 단계적으로 원리를 익힙니다.

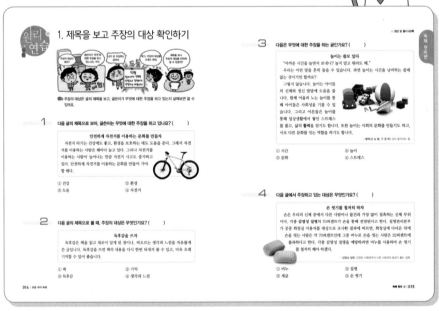

'비문학 독해'를 처음 들어 보는 초등학생들을 위해 쉽고 재미있게 만들었습니다.

• 교육과정과 연계시킨 독해 원리를 만화로 한눈에 파악해요.

• 하나의 원리를 단계별로 연습하며 차근차근 익혀요.

• 짧고 쉬운 내용의 글을 연습하며 비문학에 자신감을 키워요.

② 적용으로 독해 실력을 키워요

인문 · 사회 · 과학 · 기술 · 예술의 다섯 영역별 지문을 읽으며 실력을 탄탄하게

[독해 원리로 읽기/풀기]를 통해 지문을 읽을 때 원리를 어떻게 적용하는지 한눈에 파악할 수 있습니다. 또한 문제를 풀 때에도 어떤 원리를 떠올려야 하는지 쉽게 알 수 있습니다.

[적용]에서 인문, 사회, 과학, 기술, 예술의 다섯 가지 영역별 지문을 흥미로운 사진과 함께 재미있게 읽을 수 있습니다. 또, 내용 이해 문제와 원리 문제를 풀며 지문을 완벽하게 이해할 수 있습니다.

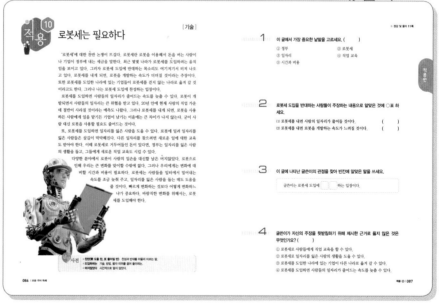

다섯 개의 원리를 스물다섯 개의 새로운 지문과 문제에 적용하여 독해 실력을 키울 수 있습니다.

- 원리가 지문과 문제에 어떻게 적용되는지 파악해요.
- 인문, 사회, 과학, 기술, 예술의 다섯 영역에서 엄선한 지문을 바르게 이해해요.
- 다양한 문제를 풀며 비문학 독해 원리를 정리해요.

독해 원리편

적용편

독해 원리편

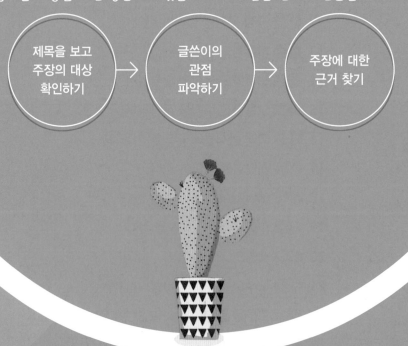

[주장(主 주인 주, 張 베풀 장): 자기의 의견이나 주의를 굳게 내세움.
또는 그런 의견이나 주의.]

주장하는 글에서 글쓴이가 무엇을 주장하는지 찾는 것은 가장 기본이 되는 일이에요.
주장하는 내용을 어떤 방법으로 찾을지 아래와 같은 단계로 연습을 해 보아요.

제목을 보고 주장의 대상 확인하기 → 글쓴이의 관점 파악하기 → 주장에 대한 근거 찾기

1

주장하는 내용을
확인해요

1 주장하는 내용을 확인해요

층간 소음을 줄입시다

아파트는 여럿이 함께 사는 곳입니다.
늦은 밤이나 이른 새벽에 쿵쿵 뛰거나,
피아노를 치는 소리, 요란하게 노래를 부르는 소리는
윗집과 아랫집, 옆집에 고스란히 전해집니다.
함께 사는 이웃을 생각해 제발!
층간소음을 줄입시다.

이게 뭐냐?

'주장하는 글'이지!

뭘 주장하는데?

글의 제목을 보면 주장의 대상을 확인할 수 있어.

층간 소음을 줄입시다

아파트는 여럿이 함께 사는 곳입니다.
늦은 밤이나 이른 새벽에 쿵쿵 뛰거나,
피아노를 치는 소리, 요란하게 노래를 부르는 소리는
윗집과 아랫집, 옆집에 고스란히 전해집니다.
함께 사는 이웃을 생각해 제발!

주장을 뒷받침하는 근거로, 아파트에서는
시끄러운 소리가 윗집과 아랫집, 옆집으로 잘
전해진다고 썼어. 그러니 함께 사는 이웃을
생각해서 층간 소음을 줄이자는 거야.

이렇게!

만화 속 독해 원리

❶ 주장하는 글의 제목을 보면, 주장의 대상을 확인할 수 있습니다.

❷ 주장하는 글에는 대상에 대한 글쓴이의 관점이 드러나 있습니다.

❸ 주장하는 글은 글쓴이의 주장과 이를 뒷받침하는 근거로 이루어져 있습니다.

1. 제목을 보고 주장의 대상 확인하기

💬 주장의 대상은 글의 제목을 보고, 글쓴이가 무엇에 대한 주장을 하고 있는지 살펴보면 알 수 있어요.

1

다음 글의 제목으로 보아, 글쓴이는 무엇에 대한 주장을 하고 있나요? (   )

> ### 안전하게 자전거를 이용하는 문화를 만들자
>
> 자전거 타기는 건강에도 좋고, 환경을 보호하는 데도 도움을 준다. 그래서 자전거를 이용하는 사람은 해마다 늘고 있다. 그러나 자전거를 이용하는 사람이 늘어나는 만큼 자전거 사고도 증가하고 있다. 안전하게 자전거를 이용하는 문화를 만들어 가야 할 때다.

① 건강   ② 환경
③ 도움   ④ 자전거

2

다음 글의 제목으로 볼 때, 주장의 대상은 무엇인가요? (   )

> ### 독후감을 쓰자
>
> 독후감은 책을 읽고 새로이 알게 된 점이나, 떠오르는 생각과 느낌을 자유롭게 쓴 글입니다. 독후감을 쓰면 책의 내용을 다시 한번 되새겨 볼 수 있고, 더욱 오래 기억할 수 있어 좋습니다.

① 책   ② 기억
③ 독후감   ④ 생각과 느낌

3 다음은 무엇에 대한 주장을 하는 글인가요? ( )

놀이는 쓸모 있다

"아까운 시간을 놀면서 보내니? 놀지 말고 뭐라도 해."

우리는 이런 말을 흔히 들을 수 있습니다. 과연 놀이는 시간을 낭비하는 쓸데없는 것이기만 할까요?

그렇지 않습니다. 놀이는 아이들의 신체와 정신 발달에 도움을 줍니다. 함께 어울려 노는 놀이를 통해 아이들은 사회성을 기를 수 있습니다. 그리고 어른들은 놀이를 통해 일상생활에서 쌓인 스트레스  를 풀고, 삶의 **활력**을 얻기도 합니다. 또한 놀이는 사회의 문화를 만들기도 하고, 서로 다른 문화를 잇는 역할을 하기도 합니다.

• **활력**(活 살 활, 力 힘 력): 살아 움직이는 힘.

① 시간   ② 놀이

③ 문화   ④ 스트레스

4 다음 글에서 주장하고 있는 대상은 무엇인가요? ( )

손 씻기를 철저히 하자

손은 우리의 신체 중에서 다른 사람이나 물건과 가장 많이 접촉하는 신체 부위이다. 각종 **감염성 질병**의 70퍼센트가 손을 통해 전염된다고 한다. 질병관리본부가 공중 화장실 이용자를 대상으로 조사한 결과에 따르면, 화장실에 다녀온 뒤에 손을 씻는 사람은 약 70퍼센트인데 그중 비누로 손을 씻는 사람은 32퍼센트에 불과하다고 한다. 각종 감염성 질병을 예방하려면 비누를 사용하여 손 씻기를 철저히 해야 하겠다.

• **감염성 질병**: 감염된 사람에게서 다른 사람에게 병균이 옮는 질병.

① 비누   ② 질병

③ 세균   ④ 손 씻기

2. 글쓴이의 관점 파악하기

💬 사물이나 현상에 대해 생각하는 태도나 방향을 관점이라고 하는데, 글쓴이의 관점은 글의 주장을 통해 알 수 있어요.

1

다음 글에서 동물원에 대한 글쓴이의 관점은 어떠한가요? (   )

> 인간에게 동물원은 주변에서 보기 어려운 동물까지 구경할 수 있게 해 주기 때문에 즐거움을 준다. 하지만 동물들에게도 동물원이 즐거운 곳일까?
>
> 동물원에 있는 동물들은 자유를 빼앗긴 채, 평생을 갇혀 살아야 한다. 이로 인해 동물들은 큰 스트레스를 받고, 이상 행동을 보이기도 한다. 인간의 즐거움만을 위해 만들어진 동물원이 꼭 필요한지 생각해 보아야 한다.

① 동물원을 늘려야 한다.
② 동물원은 동물을 위해 필요하다.
③ 동물원은 모두에게 즐거움을 준다.
④ 동물원의 필요성에 대해 다시 생각해야 한다.

2

다음 글에서 글쓴이의 관점은 무엇인지 빈칸에 알맞은 말을 쓰세요.

> 스마트폰의 등장으로 사람들의 생활은 훨씬 편리해졌다. 그러나 여러 가지 문제도 생기고 있다. 친구, 가족과 대화하는 시간이 크게 줄어든 것이다. 또, 스마트폰을 오래 사용하여 눈이나 목, 어깨의 통증을 느끼는 사람도 많아졌다.
>
> 스마트폰은 유용한 도구이지만, 지나치게 오래 사용하는 것은 오히려 해가 된다. 그러므로 꼭 필요한 일이 있을 때에만 스마트폰을 사용하자.

• 꼭 필요한 일이 있을 때에만 ☐☐☐☐ 을 사용하자.

3 **다음 글의 글쓴이는 '신조어'에 대하여 어떻게 생각하고 있나요? (   )**

주변에서 신조어를 사용하는 사람이 부쩍 많아진 것을 느낀다. 신조어란 새로 생긴 말이다. 신조어는 새롭게 나타난 물건이나 현상을 표현하기 위해 만들어지기도 하고, 오랫동안 많은 사람이 사용해 온 외래어가 신조어로 자리 잡기도 한다.

하지만 최근 만들어진 신조어는 긴 말을 짧게 줄인 경우가 대부분이다. 예를 들어, '버카충(버스 카드 충전)', '낄끼빠빠(낄 때 끼고 빠질 때 빠져라)', '솔까말(솔직히 까놓고 말하면)', '안습(안구에 습기 찰 정도로 눈물 난다)' 등이 있다. 이런 신조어는 그 뜻을 잘 아는 사람들끼리는 의미가 통하지만, 모르는 사람에게는 마치 다른 나라의 말처럼 들리기 마련이다. 자연히 신조어를 모르는 사람은 대화에서 **소외감**을 느끼게 된다.

또한, 부정적인 의미를 담은 신조어가 늘어나는 것도 문제이다. 사람을 벌레에 빗대어 '○○충'이라고 부르며 **혐오감**을 직접 드러내는 것이 그 예이다. 초중고생을 업신여겨 '급식충'이라고 부른다거나 매사에 진지한 사람을 '진지충'이라고 놀리는 경우도 마찬가지이다. 이런 신조어는 사람들에게 불쾌감과 상처를 줄 수 있다.

이처럼 많은 사람이 재미 삼아 신조어를 사용하고, 이를 알지 못하면 유행에 뒤처진 사람으로 여기기도 한다. 그러나 신조어로 인해 소외감과 불쾌감을 느끼는 경우가 있는 만큼, 신조어를 함부로 사용해서는 안 된다.

• **소외감**(疏 성길 소, 外 바깥 외, 感 느낄 감): 남에게 따돌림을 당하여 멀어진 듯한 느낌.
• **혐오감**(嫌 싫어할 혐, 惡 미워할 오, 感 느낄 감): 싫어하고 미워하는 감정.

① 신조어를 모르면 안 된다.
② 신조어는 소외감을 없애 준다.
③ 신조어는 말의 재미를 살려 준다.
④ 신조어를 함부로 사용해서는 안 된다.

3. 주장에 대한 근거 찾기

💬 주장하는 글은 다른 사람을 설득하기 위해서 쓴 글로, 주장에 대한 근거가 알맞고 타당해야 해요.

1

글쓴이의 주장에 대한 근거가 <u>아닌</u> 것은 무엇인가요? (   )

경쟁은 같은 목적에 대하여 이기거나 앞서려고 서로 겨루는 것을 뜻한다. 때문에 경쟁은 일을 잘해 내고 싶은 마음, 열심히 하고 싶은 마음을 함께 불러일으키기도 한다.

하지만 겨루는 과정에서 자칫 경쟁자를 미워하는 마음이 생길 수가 있다. 또, 경쟁 속에서 항상 불안해하고 초조해하기도 하며, 다른 사람과의 경쟁에서 지게 되면 패배감에 빠질 수도 있다.

따라서 경쟁을 할 때에 진짜 중요하게 여겨야 할 것은 '내가 남보다 얼마나 더 잘하느냐'가 아니라 '경쟁을 통해 이전의 나보다 얼마나 발전했느냐'일 것이다. 이제 경쟁은 남이 아닌 나 자신과 하자.

① 경쟁은 남이 아닌 나 자신과 하자.
② 중요한 것은 '이전의 나보다 얼마나 발전했느냐'이다.
③ 겨루는 과정에서 경쟁자를 미워하는 마음이 생길 수 있다.
④ 다른 사람과의 경쟁에서 지게 되면 패배감에 빠질 수 있다.

2 글쓴이의 주장을 뒷받침하는 근거로 알맞은 것은 무엇인가요? (　　　)

> 숲에서 도토리를 주워 오지 말자. 도토리는 다람쥐나 꿩 같은 야생 동물이 겨울을 나는 데 필요한 귀중한 먹이가 된다. 그리고 인간에게는 한낱 작은 열매에 불과하지만, 곤충에게는 알을 낳는 장소가 되어 준다. 또, 땅에 떨어진 도토리는 싹을 틔우고 자라, 훗날 숲을 이루는 나무가 되므로 풍요로운 숲을 만들기 위해서 도토리를 줍지 말자.

① 도토리는 작은 열매일 뿐이다.
② 숲에서 도토리를 주워 오지 말자.
③ 도토리는 꿩이 알을 낳는 장소이다.
④ 도토리는 야생 동물이 겨울을 나는 데 필요하다.

3 글쓴이의 주장을 뒷받침하는 내용으로 알맞지 <u>않은</u> 것은 무엇인가요? (　　　)

> 사람들은 귀지를 더럽다고 생각해서 일부러 파내려고 합니다. 그러나 귀지는 먼지나 벌레가 귓속으로 들어오는 것을 막아 줍니다. 그리고 귓속으로 들어온 세균이 깊숙이 들어가지 못하게 붙잡는 역할도 하지요. 또한, 귀지의 기름 성분은 귓속이 건조해지지 않도록 도움을 주기도 합니다. 이렇게 여러 장점이 있는 귀지는 억지로 파내지 않아도 저절로 밖으로 나온다고 합니다. 우리 몸을 보호하는 귀지를 일부러 파내지는 맙시다.

① 귀지의 기름 성분은 귓속을 건조하게 만듭니다.
② 귀지는 벌레가 귓속으로 들어오는 것을 막아 줍니다.
③ 귀지는 세균이 깊숙이 들어가지 못하게 붙잡아 둡니다.
④ 귀지는 억지로 파내지 않아도 저절로 밖으로 나옵니다.

독해 원리편

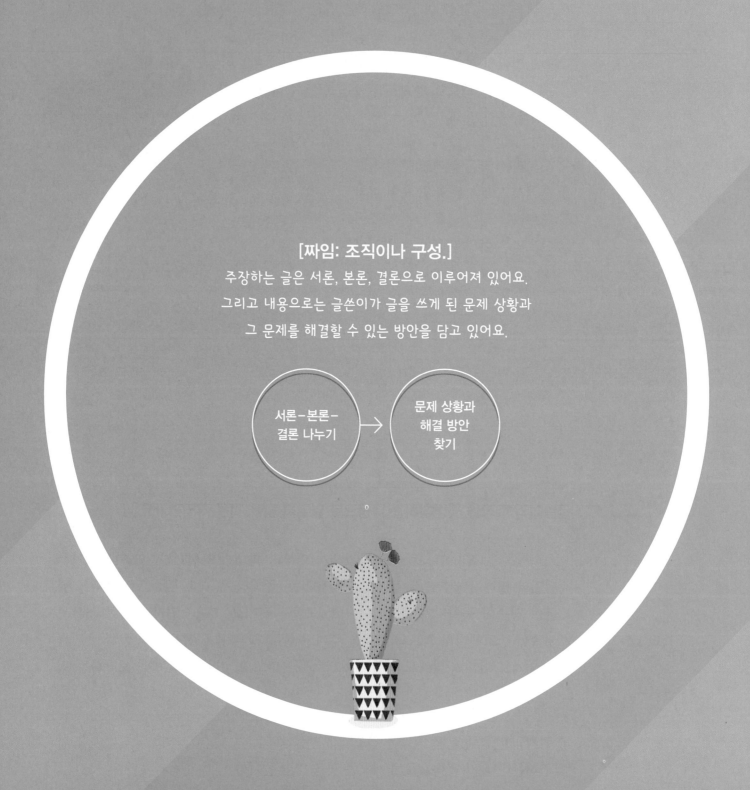

[짜임: 조직이나 구성.]
주장하는 글은 서론, 본론, 결론으로 이루어져 있어요.
그리고 내용으로는 글쓴이가 글을 쓰게 된 문제 상황과
그 문제를 해결할 수 있는 방안을 담고 있어요.

서론-본론-결론 나누기 → 문제 상황과 해결 방안 찾기

글의 짜임을
파악해요

원리 연습 **1. 서론-본론-결론 나누기**
주장하는 글은 서론, 본론, 결론으로 이루어져 있어요.
서론에서는 문제 상황과 주장을, 본론에서는 주장에 대
한 근거를 제시하고, 결론에서는 글의 내용을 요약하고
주장을 다시 한번 강조해요.

원리 연습 **2. 문제 상황과 해결 방안 찾기**
글을 쓰게 된 문제 상황과 그 문제를 해결할 수 있는 방
안이 무엇인지 찾아보아요.

만화 속 독해 원리

❶ 주장하는 글은 서론, 본론, 결론으로 짜여 있습니다.

❷ 주장하는 글에는 문제 상황과 해결 방안이 담겨 있습니다.

1. 서론-본론-결론 나누기 ①

💬 근거를 들어 자신의 주장을 내세우는 글을 주장하는 글이라고 하는데, 주장하는 글은 서론, 본론, 결론으로 이루어져 있어요.

1

다음의 **가** ~ **다**는 각각 서론, 본론, 결론 중 어디에 해당하는지 빈칸에 쓰세요.

> **가** 지역 사회에서는 갖가지 문제가 일어납니다. 아무 곳에나 함부로 쓰레기를 버리는 문제, 아파트의 층간 소음 문제, 악취를 풍기는 하천 오염 문제, 주차할 곳이 없어서 곤란을 겪는 주차 문제 등의 문제들입니다. 이처럼 지역 사회에서 일어나는 문제들은 그 지역에 사는 주민들이 적극적으로 나서서 해결해야 합니다. 그 까닭은 무엇일까요?
>
> **나** 첫째, 지역 사회에서 일어나는 문제를 자체적으로 해결하지 않으면 지역 주민들이 불편을 겪게 되고, 결국 좋은 환경에서 살기 어렵습니다.
>
> 둘째, 지역 사회에서 벌어지는 문제로 인해, 주민들 사이에 다툼이나 **갈등**이 생길 수도 있습니다. 실제로 아파트의 층간 소음 문제나 주차 문제 때문에 주민들끼리 싸우는 일이 심심치 않게 벌어집니다.
>
> 셋째, 지역 사회의 문제는 그 지역에 사는 주민들이 가장 잘 알고 있으므로, 해결책 또한 자신들이 잘 알 것입니다.
>
> **다** 이처럼 지역 사회에서 일어나는 문제는 그 지역에서 살아가는 모든 주민에게 영향을 미칩니다. 깨끗하고 좋은 환경에서 이웃과 더불어 사이좋게 살고 싶다면, 지역의 작은 문제 해결에도 적극적으로 관심을 가져야 합니다. 주민들이 함께 머리를 맞대고 의견을 모아 지역 사회의 문제를 해결해 나갑시다.
>
> • 갈등(葛 칡 갈, 藤 등나무 등): 개인이나 집단 사이에 목표나 이해 관계가 달라 서로 충돌함.

(1) 서론	(2) 본론	(3) 결론

2 다음의 ㉮ ~ ㉰를 주장하는 글의 짜임에 알맞게 나열한 것은 무엇인가요? ( )

㉮ 우리에게 '지구촌'이라는 말은 이제 낯설지 않습니다. 세계는 한 마을처럼 가까워졌고, 나라들은 정치, 경제, 사회, 문화 등 여러 분야에서 서로 영향을 주고받습니다. 이처럼 세계 여러 나라와 **교류**하면서 각 나라를 이해하고 받아들이는 것을 '세계화'라고 합니다. 세계화 덕분에 우리는 다른 나라에서 만든 물건을 쉽게 살 수 있게 되었습니다. 다양한 문화도 경험할 수 있게 되었지요.

㉯ 물론 세계화는 거스를 수 없는 흐름입니다. 그러나 여러 가지 문제점을 안고 있는 만큼, 여러 나라가 동등한 위치에서 교류하도록 해야 합니다. 그리고 각 나라의 문화를 존중하고 보호하는 노력도 기울여야 하지요.

따라서 우리는 지구촌에 사는 사람들 모두가 행복한 세계화를 이루는 것이 가장 중요함을 기억해야 할 것입니다.

㉰ 그러나 세계화가 반드시 좋은 것만은 아닙니다. 세계화로 인해, 부유하고 앞선 기술을 가진 선진국이 가난한 나라를 경쟁에서 쉽게 밀어내고 이익을 독차지하는 경우가 생겼습니다. 힘이 센 나라가 힘이 약한 나라의 정치에 간섭해 자율성과 독립성을 해칠 수도 있지요. 또한 환경 문제, 무역 문제, 전쟁 문제 등을 해결할 때에 힘이 센 나라에게 유리한 방향으로 결정할 수도 있습니다. 여기에 힘과 돈을 이용해 자기 나라의 영화, 음악, 패션, 음식 등을 널리 퍼뜨려 문화를 **장악**하는 것도 문제입니다.

• 교류(交 사귈 교, 流 흐를 류): 문화나 사상 따위가 서로 통함.
• 장악(掌 손바닥 장, 握 쥘 악): 손안에 잡아 쥔다는 뜻으로, 무엇을 마음대로 할 수 있게 됨을 이르는 말.

① ㉮ - ㉯ - ㉰   ② ㉮ - ㉰ - ㉯
③ ㉯ - ㉰ - ㉮   ④ ㉯ - ㉮ - ㉰
⑤ ㉰ - ㉮ - ㉯

1. 서론-본론-결론 나누기 ②

💬 서론에서는 글을 쓰게 된 문제 상황과 주장을 밝히고, 본론에서는 주장에 대한 근거를 제시해요. 그리고 결론에서는 글의 내용을 요약하고, 주장을 다시 한번 강조해요.

1

다음 글의 서론, 본론, 결론에 해당하는 내용을 정리한 것으로 알맞은 것은 무엇인가요? (   )

음식 만들기, 청소하기, 빨래하기, 아이 돌보기 등의 많은 일을 해내야 하는 직업은 무엇일까요? 바로 '주부'입니다. 많은 사람이 집안일을 하는 주부는 직업이 아니라고 생각합니다. 하지만 주부도 어엿한 직업이라는 것을 알아야 합니다.

직업을 통해 사람들은 생활하는 데 필요한 **소득**을 얻습니다. 만족과 보람을 얻기도 하지요. 주부가 집안일을 하는 데 드는 **노동력**을 돈으로 바꾸어 계산하면, 무척 큰돈이 됩니다. 또한, 사람들이 직업을 통해 보람을 느끼는 것처럼, 주부도 집안일을 하며 보람을 느낍니다.

그동안 우리는 주부를 직업으로 여기지 않고, 주부가 하는 집안일도 쉽게만 생각해 왔습니다. 그러나 집안일은 쉽지 않으며, 가정과 사회를 위해 꼭 필요한 일이기도 합니다. 이처럼 가정과 사회를 위해 다양한 일을 해내는 주부가 얼마나 가치 있는 직업인지 기억해야 합니다.

• 소득(所 바 소, 得 얻을 득): 일한 결과로 얻은 정신적·물질적 이익.
• 노동력(勞 일할 노, 動 움직일 동, 力 힘 력): 생산품을 만드는 데에 들어가는 정신적·육체적인 모든 능력.

① 서론: 주부도 직업이라는 것을 알아야 한다.
② 서론: 주부도 집안일을 하며 보람을 느낄 수 있다.
③ 본론: 주부는 음식 만들기, 청소하기, 빨래하기 등의 일을 한다.
④ 결론: 주부가 집안일을 하는 데 드는 노동력을 돈으로 바꾸면 큰돈이 된다.

2 주장하는 글의 짜임을 생각하며 다음 설명에 해당하는 부분의 기호를 쓰세요.

가 우리나라의 역사에 대해 잘 모르는 사람이 많다. 더 나아가 "역사는 다 지나간 옛일인데, 왜 알아야 해? 무슨 소용이 있어?"라고 말하는 사람도 있다. 그러나 우리나라의 역사는 반드시 알아야 하며, 역사를 아는 것은 무엇보다 중요한 일이다.

나 역사는 그저 다 지난 옛날이야기가 아니다. 오늘날의 우리나라를 만든 것이 바로 역사이기 때문이다. 역사를 보면, 우리나라가 어떤 길을 걸어 지금에 도달했는지 알 수 있다.

다 또, 역사는 우리에게 교훈을 준다. 예를 들면, 과거에 위기를 겪었던 나라가 어떤 과정으로 위기를 극복하여 왔는지를 보여 줌으로써 현실에서 위기를 극복할 수 있는 지혜를 주기도 하는 것이다.

라 끝으로 최근 문제가 되고 있는 역사 **왜곡**에 대처하기 위해서도 우리는 역사를 제대로 알아야 한다. 그래야 다른 나라가 우리의 역사를 자기네 역사에 **편입**시키려고 한다거나 우리의 영토를 자기네 땅이라고 우기는 억지 주장에 맞설 수 있다.

마 "역사를 잊은 민족에게는 미래가 없다."라는 말이 있다. 과거가 있기에 현재가 있고, 현재가 있기에 미래도 있다는 말이다. 역사를 통해 배우고, 이를 디딤돌 삼아 미래로 나아가자.

• 왜곡(歪 기울 왜, 曲 굽을 곡): 사실과 다르게 해석하거나 그릇되게 함.
• 편입(編 엮을 편, 入 들 입): 얽거나 끼워 넣음.

(1) 문제 상황이나 주장을 밝힌 부분: (   )

(2) 주장을 뒷받침하는 근거를 제시한 부분: (   )

(3) 주장을 다시 한번 강조한 부분: (   )

2. 문제 상황과 해결 방안 찾기 ①

💬 주장하는 글에는 글을 쓰게 된 문제 상황과 그 문제를 해결할 수 있는 방안이 제시되어 있어요.

1 다음 글에서 글쓴이가 문제라고 생각한 것은 무엇인가요? (   )

> 도서관에 있는 책의 **훼손**이 심각하다. 책에 음식물이 묻은 자국이 있는가 하면, 책장이 뜯겨 나가 중요한 내용을 볼 수 없게 된 경우도 있다. 이런 문제를 해결하려면 어떻게 해야 할까?
>
> 우선 도서관을 이용하는 사람들이 책을 소중하게 다루어야 한다. 또, 도서관에서 훼손된 책을 전시하는 것도 하나의 방법이다. 엉망이 된 책을 보며 깨끗한 책의 소중함을 깨달을 수 있기 때문이다.
>
>
>
> • **훼손**(毀 헐 훼, 損 덜 손): 헐거나 깨뜨려 못쓰게 만듦.

① 도서관을 이용하는 사람이 적다.

② 도서관에서 훼손된 책을 전시한다.

③ 도서관에 있는 책의 양이 부족하다.

④ 도서관에 있는 책의 훼손이 심각하다.

2

㉠~㉤ 중 문제 상황에 대한 해결 방안이 <u>아닌</u> 것을 두 가지 찾으세요. (   )

여름을 맞아 강이나 바다를 찾는 사람이 많아지면서 ㉠물놀이 사고가 잇따르고 있다. 물놀이 사고를 막으려면 개개인이 다음과 같은 안전 수칙을 잘 지켜야 한다.

㉡구명조끼 같은 안전 장비를 반드시 착용하고, 물놀이가 금지된 곳에는 들어가면 안 된다. 또 쥐가 나지 않도록 ㉢물에 들어가기 전에 준비 운동을 해야 한다. 마지막으로 ㉣자신의 몸 상태를 잘 살펴야 한다. 몸 상태가 좋지 않으면 물에 들어가지 말고, 물놀이를 하다 추위를 느끼면 바로 나오는 것이 안전하다.

㉤물놀이 사고는 눈 깜짝할 사이에 일어난다. 사고를 막고 즐거운 물놀이가 되도록 안전 수칙을 잘 지키자.

구명조끼 ▶

① ㉠   ② ㉡   ③ ㉢

④ ㉣   ⑤ ㉤

3

다음 빈칸에 들어갈 해결 방안으로 알맞은 것은 무엇인가요? (   )

우리에게는 매일매일 시간이 주어집니다. 시간을 알차게 보내면 좋지만 자신도 모르게 헛되이 흘려보내는 경우가 많습니다. 시간을 헛되게 보내지 않으려면 어떻게 해야 할까요?

먼저, 계획표를 만들어 따르는 것이 좋습니다. 그리고 하루를 어떻게 보냈는지 기록하며 되짚어 보는 것도 좋은 방법입니다. 마지막으로 [   ]. 이런 여러 가지 방법을 활용한다면 낭비하는 시간을 줄일 수 있을 것입니다.

① 예쁜 모양의 시계를 삽니다.
② 자투리 시간을 잘 활용합니다.
③ 친구들과 노는 시간을 늘립니다.
④ 아침에 늦게 일어나고 저녁에 늦게 잡니다.

2. 문제 상황과 해결 방안 찾기 ②

💬 주장하는 글의 해결 방안은 문제를 해결할 수 있고 실천 가능한 것이어야 해요.

1

다음 글에 나타난 문제 상황과 해결 방안을 바르게 찾은 것은 무엇인가요?

( )

음식물 쓰레기가 넘쳐나고 있다. 한 조사에 따르면, 하루에 발생하는 음식물 쓰레기의 양이 12,663톤이나 된다고 한다. 이렇게 넘쳐나는 음식물 쓰레기는 자연환경을 **오염**시킨다. 또, 음식물 쓰레기를 처리하는 데 많은 비용이 드는 문제도 발생하므로 음식물 쓰레기를 만들지 않는 생활 습관을 길러야 할 것이다.

음식물 쓰레기를 줄이려면 먼저, 다 먹지 못하거나 상해서 버리는 일이 없도록 음식은 꼭 먹을 만큼만 만들어야 한다. 둘째, **구입**한 음식 재료를 잘 보관하는 것도 중요하다. 음식 재료를 잘못 보관하면 나중에 손질할 때에 버리는 부분이 더 많아지기 때문이다. 셋째, 외식을 하고 남은 음식을 포장해 오는 것도 음식물 쓰레기를 줄일 수 있는 좋은 방법이다.

우리 모두 음식물 쓰레기가 많이 발생함으로써 생기는 문제점들을 기억하고, 아까운 음식을 남기거나 함부로 버리지 말자.

▲음식물 쓰레기

• **오염**(汚 더러울 오, 染 물들 염): 더럽게 물듦. 또는 더럽게 물들게 함.
• **구입**(購 살 구, 入 들 입): 물건 따위를 사들임.

	문제 상황	해결 방안
①	사람들은 매일 음식을 먹는다.	음식물 쓰레기가 넘쳐나고 있다.
②	음식물 쓰레기가 넘쳐나고 있다.	음식을 먹을 만큼만 만든다.
③	음식을 먹을 만큼만 만든다.	구입한 재료를 잘 보관한다.
④	구입한 재료를 잘 보관한다.	외식 때 남은 음식을 포장해 온다.

2 **다음 글을 읽고, 문제 상황과 해결 방안을 알맞게 짝지은 것은 무엇인가요? (   )**

고령화로 인해 여러 가지 문제가 일어나고 있습니다. 고령화는 한 사회에서 노인이 차지하는 인구 비율이 높아지는 것을 말합니다. 고령화가 진행되면, 일을 할 수 있는 젊은 사람이 부족해져서 나라의 경제가 더디게 발전하거나 어려운 형편이 됩니

▲ 고령화

다. 또한 가난과 질병, 외로움으로 힘들어하는 노인도 늘어납니다.

이런 문제를 해결하기 위해서는 먼저, **정년**을 연장해야 합니다. 평균 수명이 늘어난 만큼, 직장에서 물러나도록 정해진 나이도 늦추어야 하는 것입니다. 또, 가난한 노인이 질병으로 고통받지 않도록 노인의 의료 보험 혜택을 늘려야 합니다. 그리고 노인이 편히 쉬면서 병을 치료할 수 있는 요양 시설, 여가를 즐길 수 있는 시설도 많이 마련해야 할 것입니다. 그러나 무엇보다 중요한 일은 노인에 대한 우리의 **그릇된** 생각을 바로잡는 것입니다. 노인은 사회에 짐이 되는 사람이 아니며, 우리 사회의 소중한 구성원입니다. 누구든 나이를 먹고 노인이 됩니다. 고령화 사회의 문제는 곧 나의 문제이기도 합니다.

• **정년**(停 머무를 정, 年 해 년): 공무원이나 직원이 직장에서 물러나도록 정해져 있는 나이.

• **그릇된**: 어떤 일이 사리에 맞지 아니한.

	문제 상황	해결 방안
①	정년을 연장한다.	의료 보험 혜택을 늘린다.
②	의료 보험 혜택을 늘린다.	정년을 연장한다.
③	요양 시설, 여가 시설을 마련한다.	노인에 대한 그릇된 생각을 바로잡는다.
④	고령화로 인해 여러 가지 문제가 일어나고 있다.	요양 시설, 여가 시설을 많이 마련한다.

독해 원리편

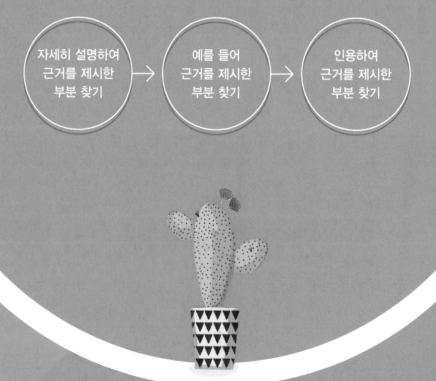

[근거: 어떤 일이나 의논, 의견에 그 근본이 됨. 또는 그런 까닭.]

주장하는 글에는 글쓴이의 주장을 뒷받침하는 근거가 제시돼요.

근거를 제시할 때에는 자세히 설명하는 방법이나, 예시 또는 인용의 방법을 사용할 수 있어요.

자세히 설명하여 근거를 제시한 부분 찾기 → 예를 들어 근거를 제시한 부분 찾기 → 인용하여 근거를 제시한 부분 찾기

근거가 주장을
어떻게 뒷받침하는지
찾아요

원리 연습 **1. 자세히 설명하여 근거를 제시한 부분 찾기**
주장을 뒷받침하기 위하여 자세히 설명하는 방법으로 근거를 제시한 부분을 찾아요.

원리 연습 **2. 예를 들어 근거를 제시한 부분 찾기**
주장을 뒷받침하기 위하여 예를 들어 근거를 제시한 부분을 찾아요.

원리 연습 **3. 인용하여 근거를 제시한 부분 찾기**
주장을 뒷받침하기 위하여 다른 사람의 말이나 속담 등에서 필요한 부분을 인용하여 근거를 제시한 부분을 찾아요.

3 근거가 주장을 어떻게 뒷받침하는지 찾아요

우리 공 차러 나가지 않을래?

공부 좀 하지?

쳇, 공부하라는 소리, 지긋지긋해!

내가 쓴 글 좀 읽어 봐. 여기 첫 부분부터.

공부를 열심히 해야 한다. 공부란 지식이나 기술을 배우고 익히는 것이다. 따라서 학교 공부만이 공부가 아니다. 몰랐던 것을 배우고 익히는 일이 다 공부이다.

공부가 이런 뜻이었나?

자, 다음 부분!

예로, 물고기를 잡는 법을 배우는 것도 공부이고, 멀리 뛰는 법을 배우는 것도 공부이고, 나비와 개미를 관찰하는 것도 공부이다.

나랑 놀자

오호! 공부가 재미있을 수도 있겠군.

그렇다니까.

다음을 마저 읽어 봐.

우리 속담에 "공부는 늙어 죽을 때까지 해도 다 못한다."라는 말이 있다. 일생 동안 끊임없이 배워 나가야 한다는 뜻이다.

만화 속 독해 원리

❶ 주장하는 글에서는 상대방이 알기 쉽게 자세히 설명하여 근거를 제시할 수 있습니다.

❷ 주장하는 글에서는 예를 들어 주장을 뒷받침할 수 있습니다.

❸ 주장하는 글에서는 사전이나 다른 사람의 말을 인용하여 주장을 뒷받침할 수 있습니다.

1. 자세히 설명하여 근거를 제시한 부분 찾기

💬 글쓴이는 자신의 주장을 뒷받침하기 위하여 한 대상이나 사실에 대해 자세히 설명함으로써 근거를 제시하기도 해요.

1

글쓴이가 주장을 뒷받침하기 위해 근거를 제시한 방법은 무엇인가요? (   )

남자와 여자가 평등하다는 말에 사람들은 당연하다며 고개를 끄덕입니다. 그러나 일상생활 속에서는 남자가 할 일과 여자가 할 일을 구분하고, 남자는 남자답게 여자는 여자답게 행동해야 한다고 말하기도 합니다. 이는 남자와 여자 모두 차별을 받고 있는 것입니다.

우리는 진정한 양성평등을 이루어야 합니다. 양성평등이란 남자라는 이유로, 여자라는 이유로 차별받지 않는 원칙을 말합니다. 성과 관련 없이 자신의 능력에 따라 동등한 기회와 **권리**를 누리는 것이지요. 사람의 성격과 능력은 남자라서, 여자라서 다른 것이 아닙니다. 그저 한 사람 한 사람의 개성과 능력이 다르기 때문입니다.

양성평등 사회를 만들기 위해서는 남자와 여자가 할 일이 따로 있다는 **고정관념**부터 버려야 할 것입니다. 남녀 모두 존중받고, 자신의 능력을 충분히 발휘할 수 있는 문화를 만들어 갑시다.

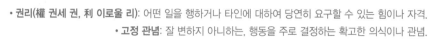

• 권리(權 권세 권, 利 이로울 리): 어떤 일을 행하거나 타인에 대하여 당연히 요구할 수 있는 힘이나 자격.
• 고정 관념: 잘 변하지 아니하는, 행동을 주로 결정하는 확고한 의식이나 관념.

① 양성평등이 무엇인지 자세히 설명했다.
② 남자가 할 일과 여자가 할 일을 예로 들었다.
③ 양성평등에 대한 다른 사람의 말을 인용했다.
④ 고정 관념에 대한 다른 사람의 말을 인용했다.

2 글쓴이의 주장을 뒷받침하는 설명으로 바르지 <u>않은</u> 것은 무엇인가요? (　　　)

> 악법이란 한 사회와 사회를 구성하고 있는 사람들에게 해를 끼치는 나쁜 법을 말한다. 악법은 일부 힘 있는 사람들이 자신의 욕심을 채우기 위해 만들거나 법을 만들 당시 그 법이 불러올 피해를 미처 알지 못해서 만들어지기도 한다.
>
> 악법도 법이라고 주장하는 사람들이 있지만, 법이 존재하는 이유는 소수의 사람들이 다른 사람의 자유와 권리를 빼앗는 것을 막기 위해서다. 또한 사람들 사이에서 발생하는 다툼을 공정하게 해결하기 위해서도 법은 필요하다. 따라서 사회와 사람들에게 해를 끼치는 악법은 법이라고 할 수 없다.

① 악법은 사람들에게 해를 끼치는 나쁜 법이다.
② 악법은 많은 사람의 자유와 권리를 지켜 주는 역할을 한다.
③ 악법은 일부 힘 있는 사람들이 자신의 욕심을 채우기 위해 만들었다.
④ 악법은 법을 만들 당시 그 법이 불러올 피해를 알지 못해서 만들어지기도 한다.

3 글쓴이가 주장을 뒷받침하기 위하여 제시한 근거로 바르지 <u>않은</u> 것은 무엇인가요?
(　　　)

> 선의의 거짓말이 무엇인지 알고 있나요? 선의의 거짓말은 착한 마음에서 비롯된 거짓말이라는 뜻입니다. 상대방의 기분을 생각해서 또는 상대방의 체면을 살려 주기 위해서 하는 가벼운 거짓말인 것입니다.
>
> 사람들이 거짓말을 하는 이유는 대부분 상대를 속여서 자신의 이익을 얻기 위해서입니다. 거짓말로 인해 다른 사람이 피해를 입기 때문에 거짓말이 나쁘다고 하고, 거짓말을 하지 말라고 하는 것이지요. 그러나 선의의 거짓말은 자신의 이익을 위해서 하는 게 아닙니다. 비록 사실과 다르더라도 상대를 위하는 마음에서 비롯된 거짓말이라면 해도 괜찮지 않을까요?

① 선의의 거짓말은 착한 마음에서 비롯된 거짓말이다.
② 선의의 거짓말은 자신의 이익을 위해서 하는 것이다.
③ 선의의 거짓말은 상대방의 체면을 살려 주기 위해서 하는 것이다.
④ 선의의 거짓말은 상대방의 기분을 생각해서 하는 가벼운 거짓말이다.

2. 예를 들어 근거를 제시한 부분 찾기

💬 글쓴이는 자신의 주장을 뒷받침하기 위하여 본보기가 되는 예를 들어 근거를 제시하기도 해요.

1

글쓴이가 주장을 뒷받침하기 위해 근거를 제시한 방법은 무엇인가요? (   )

사람들이 간편하게 쓰고 버리는 일회용품이 환경을 오염시키고 있습니다. 일회용품 쓰레기는 불에 태우면 해로운 유독 가스가 발생하기 때문에 대부분 땅에 묻어서 처리합니다. 하지만 땅에 묻었다고 금세 썩어서 사라지는 것은 아닙니다. 일회용품은 썩는 데 엄청나게 오랜 시간이 걸립니다.

예를 들어, 일회용 컵과 나무젓가락이 썩는 데는 20년이 걸립니다. 비닐봉지는 50년, 플라스틱 **용기**는 50~80년이 지나야 썩습니다. 일회용 칫솔과 일회용 기저귀가 썩는 데는 100년이 넘게 걸리지요. 심지어 스티로폼 용기는 500년이 지나야 썩습니다. 일회용품이 썩는 과정에서도 각종 해로운 물질이 나와 땅과 주변의 하천을 오염시킵니다. 조금 불편하더라도 환경을 위해 일회용품의 사용을 줄입시다.

• 용기(容 얼굴 용, 器 그릇 기): 물건을 담는 그릇.

① 재활용품의 종류를 예로 들었다.

② 일회용품이 썩는 시간을 예로 들었다.

③ 일회용품에 대한 사전적 정의를 인용했다.

④ 일회용품이 무엇인지 통계 자료를 제시하여 자세히 설명했다.

2

㉠ ～ ㉣ 중에서 예를 들어 근거를 제시한 부분을 모두 찾으세요. (   )

㉠우리는 옛사람들을 본받아 동물의 생명을 소중히 여기고, 나눔을 실천해야 합니다. 옛사람들이 동물에 대한 사랑을 표현한 행동은 다양합니다. 예를 들면, ㉡옛사람들은 가을에 감을 딸 때에 '까치밥'이라고 하여 새들의 몫을 남겨 놓았습니다. 그리고 ㉢콩을 심을 때에는 한 알만 심어도 될 것을 세 알을 심었습니다.

이는 한 알은 새가 먹게 하고, 한 알은 땅의 벌레가 먹게 하고, 남은 한 알이 자라면 사람이 먹겠다는 뜻을 담고 있습니다. 또, ㉣산길을 걸을 때에는 벌레가 자신의 발에 밟혀서 죽지 않도록 **성기게** 짠 짚신을 신었습니다.

• **성기게**: 물건의 사이가 촘촘하지 않고 뜨게.

① ㉠   ② ㉡   ③ ㉢   ④ ㉣

3

다음 글에 나타난 글쓴이의 주장을 뒷받침하기 위해 또 다른 근거를 알맞게 제시한 것은 무엇인가요? (   )

우리나라가 일제 강점기에서 벗어난 지 70여 년이 지났다. 그동안 우리는 우리말 속에 파고든 일본어를 없애기 위해서 많은 노력을 기울여 왔다. 그러나 아직도 우리말 속에는 일본어의 찌꺼기가 남아 있다.

그 예로, 흠이 난 것을 '기스'가 났다고 하고, 다진 양념을 '다대기', 물방울무늬를 '땡땡이'라고 하는 것을 들 수 있다. 이런 일본어의 찌꺼기는 아름다운 우리말을 오염시키는 것으로, 우리가 없애야 할 일제의 흔적 중 하나이기도 하다. 일본어의 찌꺼기를 몰아낼 수 있도록 우리 모두 관심을 가지고 노력하자.

① '시나브로'는 아름다운 우리말이다.
② 일본어의 찌꺼기는 우리말을 오염시킨다.
③ 많은 사람이 '어묵'을 일본어인 '오뎅'으로 부른다.
④ 한자어인 '근심' 대신 우리말 '걱정'을 사용해야 한다.

3. 인용하여 근거를 제시한 부분 찾기

💬 글쓴이는 자신의 주장을 뒷받침하기 위하여 다른 사람의 말이나 속담·격언 등에서 필요한 부분을 인용함으로써 근거를 제시하기도 해요.

1 글쓴이가 주장을 뒷받침하기 위해 근거를 제시한 방법은 무엇인가요? (   )

우리는 다른 사람에게서 무엇인가를 본받고 배우려면 그 사람이 무척 훌륭해야 한다고 생각합니다. 적어도 나보다는 나은 사람이어야 한다고 생각하지요. 그러나 뛰어나지 않은 사람, 나보다 못한 사람을 통해서도 배움을 얻을 수 있습니다.

중국의 고대 철학자인 공자는 이렇게 말했습니다.

"세 사람이 같이 길을 걸어가면, 그중에는 반드시 나의 스승이 될 만한 사람이 있다. 그들에게서 좋은 점은 가리어 본받고, 그들의 좋지 않은 점으로는 나 자신을 바로잡는다."

▲ 공자

사람은 누구나 좋은 점과 좋지 않은 점을 지니고 있습니다. 따라서 누구에게서든지 좋은 점은 본받고, 나쁜 점은 자신을 돌아보는 **계기**로 삼아 봅시다.

• 계기(契 맺을 계, 機 틀 기): 어떤 일이 일어나거나 변화하도록 만드는 결정적인 원인이나 기회.

① 공자의 말을 인용했다.

② 훌륭한 사람에 대해서 자세히 설명했다.

③ 본받지 말아야 할 점에 대해서 예를 들었다.

④ 배움을 통해 얻을 수 있는 것과 잃을 수 있는 것을 대조하였다.

2

㉠ ~ ㉣ 중 인용의 방법을 사용하여 근거를 제시한 것은 무엇인가요? (   )

㉠자신이 하는 일이 조금만 힘들어도 쉽게 포기하는 사람이 있다. 하고 싶은 일이 어려워 보이면, 어차피 해도 잘 되지 않을 것이라고 생각하면서 **아예** 도전조차 하지 않는 사람도 많다.

그러나 ㉡노력해서 되지 않는 일은 거의 없다. ㉢우리 속담에 "무쇠도 갈면 바늘이 된다."라는 말이 있다. 꾸준히 노력하면 아무리 어려운 일도 이룰 수 있다는 뜻이다. ㉣힘들어도 참고 노력하면, 불가능해 보이는 일도 해낼 수 있다. 이루고 싶은 일이 있다면 쉽게 포기하지 말고 끝까지 힘을 다해 노력하자.

• **아예**: 일시적이거나 부분적이 아니라 전적으로 또는 순전하게.

① ㉠   ② ㉡
③ ㉢   ④ ㉣

3

㉠ ~ ㉣ 중 인용의 방법으로 주장을 뒷받침하고 있는 것을 두 가지 찾으세요.

(   )

㉠많은 사람이 '다르다'와 '틀리다'가 비슷한 말이라고 생각한다. 그래서 "넌 나랑 성격이 달라!"라고 말해야 하는 상황에서 "넌 나랑 성격이 틀려!"와 같이 말하는 경우가 있다. 하지만 ㉡'다르다'와 '틀리다'는 말뜻이 **사뭇** 다르므로, 잘 **구분해**서 써야 한다.

㉢국어사전을 보면, '다르다'는 "비교가 되는 두 대상이 서로 같지 아니하다."라고 뜻풀이가 되어 있다. 또 ㉣'틀리다'는 "셈이나 사실이 옳지 않거나 어긋나다."라고 뜻풀이가 되어 있다. 따라서 "성격이 틀려!"라고 말하면, 상대의 성격이 옳지 않다는 의미가 될 수도 있는 것이다.

• **사뭇**: 아주 딴판으로.
• **구분**(區 구분할 구, 分 나눌 분): 일정한 기준에 따라 전체를 몇 개로 갈라 나눔.

① ㉠   ② ㉡
③ ㉢   ④ ㉣

독해 원리편

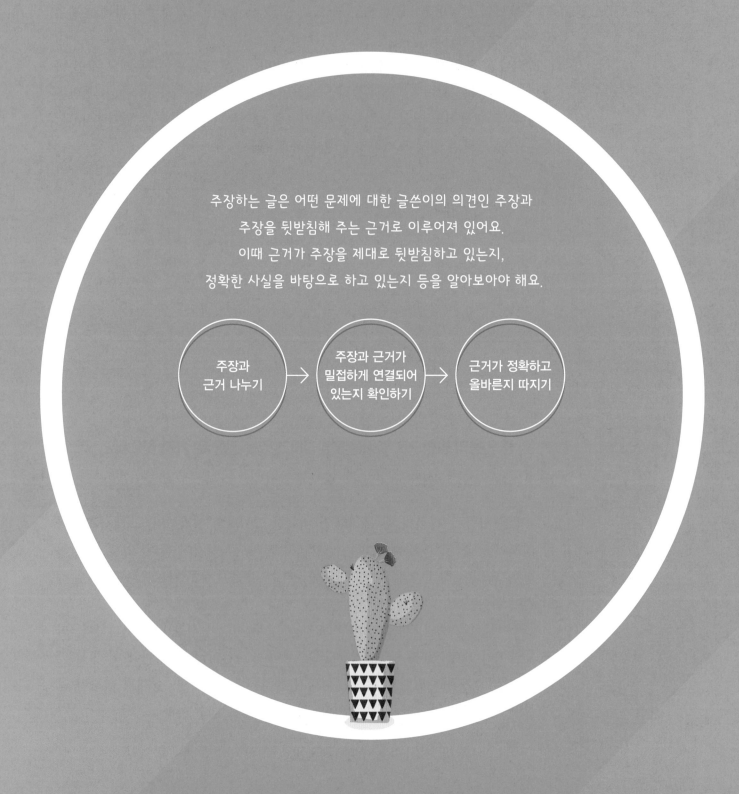

주장하는 글은 어떤 문제에 대한 글쓴이의 의견인 주장과
주장을 뒷받침해 주는 근거로 이루어져 있어요.
이때 근거가 주장을 제대로 뒷받침하고 있는지,
정확한 사실을 바탕으로 하고 있는지 등을 알아보아야 해요.

주장과
근거 나누기 → 주장과 근거가
밀접하게 연결되어
있는지 확인하기 → 근거가 정확하고
올바른지 따지기

주장과 근거가 알맞은지 확인해요

4 주장과 근거가 알맞은지 확인해요

만화 속 독해 원리

❶ 주장은 어떤 문제에 대한 글쓴이의 의견이고, 근거는 주장을 뒷받침하는 내용입니다.

❷ 근거는 주장과 밀접하게 연결되어 있어야 하며, 정확하고 올바른 내용이어야 합니다.

1. 주장과 근거 나누기

💬 주장은 어떤 문제에 대한 글쓴이의 의견이고, 근거는 주장을 뒷받침해 주는 내용이에요.

1

다음 글의 주장은 무엇인가요? (   )

바다에 쓰레기를 버리지 말자. 바다에 쓰레기를 버리면 바닷물이 오염된다. 그러면 자연히 바다에 사는 동물과 식물이 오염되고, 오염된 **해산물**을 먹는 인간도 해를 입는다.

또한 쓰레기는 바다 생물의 생명을 크게 위협한다. 어부들이 쓰다 버린 그물에 몸이 감겨 제대로 움직이지 못할 수도 있고, 비닐, 플라스틱 같은 쓰레기가 먹이인 줄 알고 삼켜서 목숨을 잃기도 한다.

심지어 바다에 버린 쓰레기는 **선박** 사고의 원인이 되기도 한다. 선박 장치에 쓰레기가 빨려 들어가서 고장을 일으키기 때문이다. 실제로 선박 사고의 약 10퍼센트가 바다 쓰레기 때문에 일어난다고 한다. 인간과 자연을 위해 바다에 쓰레기를 버려서는 안 된다.

• **해산물**: 바다에서 나는 동물과 식물을 통틀어 이르는 말.
• **선박(船** 배 선, **舶** 배 박): 배를 달리 부르는 말.

① 바다에 쓰레기를 버리지 말자.
② 쓰레기가 바다 생물의 생명을 위협한다.
③ 오염된 해산물을 먹는 인간도 해를 입는다.
④ 바다 쓰레기로 인해 선박 사고가 일어난다.

2 다음 글의 주장과 근거를 바르게 나눈 것은 무엇인가요? (   )

> 우리는 종종 시간이 없다는 핑계로, 혹은 귀찮다는 이유로 할 일을 미룹니다. 하지만 일을 미루기만 하면, 할 일은 눈덩이처럼 불어납니다. 결국 나중에는 시간에 쫓기게 되고, 제 시간에 일을 마치기가 힘들지요. 다급하게 일을 하다 보니, 일에 실수가 생기거나 일의 완성도가 떨어질 수도 있습니다. 또한 일을 자꾸 미루는 것이 습관이 되기도 합니다.

	주장	근거
①	내 일을 남에게 미루지 말자.	일을 미루기만 하면 안 된다.
②	시간을 아껴 쓰자.	일에 실수가 생긴다.
③	실수를 하지 말자.	일의 완성도가 떨어진다.
④	할 일을 미루지 말자.	나중에 시간에 쫓기게 된다.

3 다음 글을 읽고 빈칸에 알맞은 말을 쓰세요.

> 우리나라가 남과 북으로 갈라진 지 오랜 시간이 지났다. 갈라져 산 세월이 길어지면서 통일이 필요하지 않다고 생각하는 사람도 늘고 있다. 그러나 우리 민족과 나라의 미래를 생각한다면 통일은 꼭 필요하다.
> 남과 북이 통일되면, 우리는 지금과 같은 전쟁의 위협에서 벗어날 수 있다. 나라를 지키는 데 들어가는 비용인 국방비도 줄일 수 있다. 무엇보다 이산가족이 헤어진 가족을 만날 수 있다.

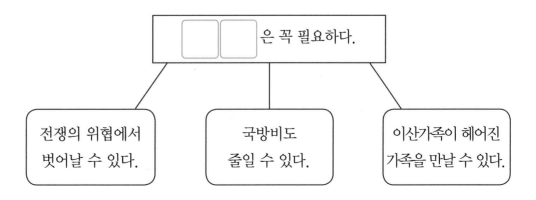

2. 주장과 근거가 밀접하게 연결되어 있는지 확인하기

💬 근거는 주장을 뒷받침해 주는 내용이므로 주장과 근거는 밀접하게 연결되어 있어야 해요.

1

㉠~㉣ 중 주장과 밀접하게 연결된 근거가 <u>아닌</u> 것은 무엇인가요? (   )

여럿이 어떤 일을 결정하려면, 다양한 의견을 모두 따를 수가 없습니다. 이때 사람들은 대부분 다수결로 의견을 결정합니다. 그러나 다수결도 여러 가지 문제가 있습니다.

첫째, ㉠<u>많은 사람이 선택한 의견이라고 해서 반드시 옳은 것은 아닙니다.</u> 다수결에 참가하는 사람들이 문제에 대해 정확히 알지 못하거나 **정보**가 부족해서 잘못된 판단을 할 수도 있습니다.

둘째, ㉡<u>소수의 좋은 의견이 무시될 수 있습니다.</u>

셋째, ㉢<u>다수결로 의견을 결정하는 방법은 여러 가지가 있습니다.</u>

넷째, ㉣<u>다수의 사람이 소수의 사람에게 **부당한** 것을 강요할 위험이 있습니다.</u>

따라서 옳고 그름의 문제는 다수결로 결정해서는 안 됩니다. 소수자의 권리를 존중하고, 충분한 의논을 통해 소수의 의견도 최대한 반영하도록 해야 합니다.

• **정보**(情 뜻 정, 報 갚을 보/알릴 보): 관찰이나 측정을 통하여 수집한 자료를 실제 문제에 도움이 될 수 있도록 정리한 지식.
• **부당한**: 이치에 맞지 아니한.

① ㉠   ② ㉡

③ ㉢   ④ ㉣

2

다음 글에 나타난 글쓴이의 주장과 거리가 <u>먼</u> 근거를 말한 사람을 고르세요.
( )

반려동물을 기르는 사람이 점점 늘고 있다. 사람이 정서적으로 의지하고자 가까이 두고 기르는 동물을 반려동물이라고 한다. 조사에 따르면, 우리나라 5가구 중 1가구가 반려동물을 기르고 있다고 한다. 그런데 반려동물을 기르는 사람이 늘면서 이웃 간의 갈등도 커지고 있다. 공동 주택에서 반려동물을 기르면 안 된다는 의견과 길러도 괜찮다는 의견이 대립하는 것이다.

나는 공동 주택에서 반려동물을 길러도 된다고 생각한다.

① **민준:** 반려동물을 기르면 외로움을 달랠 수 있다.
② **하은:** 반려동물이 사람을 무는 사고가 발생할 수 있다.
③ **서윤:** 반려동물의 배설물은 주인이 깨끗하게 치우면 된다.
④ **지호:** 반려동물의 소음 문제는 훈련이나 방음 장치로 해결할 수 있다.

3

다음 글을 읽고, 주장과 밀접한 근거를 말한 사람을 고르세요. (   )

요즘 걷기를 생활화하자는 움직임이 일어나고 있다. 가끔씩 한두 번 멀리 걷는 것이 아니라, 일상생활에서 꾸준히 걸어 다니자는 것이다. 이런 움직임이 일어나는 이유는 걷기가 여러 면에서 우리에게 도움을 주기 때문이다.

① **나연:** 공원마다 운동 시설을 늘려야 한다.
② **지원:** 걷기는 건강을 유지하는 데 도움이 된다.
③ **준현:** 걷기를 하면 똑똑한 사람으로 인정받을 수 있다.
④ **미현:** 많은 사람이 걷기를 생활화하면 자동차 사용량이 늘어나게 된다.

3. 근거가 정확하고 올바른지 따지기

💬 주장하는 글을 읽을 때에는 근거가 설득력 있고, 정확하며 타당한 내용인지 따져 보아야 해요.

1

㉠ ~ ㉤ 중 글쓴이가 주장을 뒷받침하기 위해 제시한 근거로 올바르지 <u>않은</u> 것은 무엇인가요? (   )

우리는 주변에서 CCTV를 쉽게 볼 수 있습니다. CCTV는 건물 안이나 밖, 길거리, 골목, 도로 등 곳곳에 설치되어 있지요. 그러나 CCTV가 없는 곳도 많습니다. 저는 CCTV 설치를 더욱 확대해야 한다고 생각합니다.

㉠CCTV는 범죄를 예방하는 효과가 있습니다. 나쁜 짓을 저지르려던 사람도 CCTV가 있으면 함부로 일을 벌이지 못합니다. 그리고 ㉡CCTV는 범인을 잡는 데도 큰 도움을 줍니다. 또한 ㉢재판에서 범죄를 **입증**하는 증거가 되기도 합니다. 범죄의 현장이나 범인의 생김새, 옷차림, 이동하는 모습 등이 CCTV에 찍히기 때문입니다. CCTV는 ㉣범죄를 당할까 봐 걱정하는 사람들의 두려움을 줄여 주는 장점도 있습니다. 어둡고 으슥한 길을 갈 때, CCTV가 있으면 안심이 됩니다. ㉤CCTV로 인한 사생활 **침해**는 전혀 중요한 문제가 아닙니다. 많은 사람의 안전을 위해 CCTV 설치를 늘립시다.

• **입증(立 설 립, 證 증거 증):** 증거를 내세워 증명함.
• **침해(侵 침노할 침, 害 해할 해):** 침범하여 해를 끼침.

① ㉠   ② ㉡   ③ ㉢
④ ㉣   ⑤ ㉤

2 ㉠~㉣ 중 다음 글에서 주장을 뒷받침하기에 적절하지 <u>못한</u> 근거는 무엇인가요?
( )

> 친구들 사이에 '○○ 데이'라는 각종 기념일을 챙기는 것이 유행이다. 그러나 나는 '○○ 데이'를 챙기는 일을 그만두어야 한다고 생각한다. ㉠<u>이런 기념일은 대부분 회사가 물건을 팔기 위해 만든 것으로, 우리나라 고유의 **풍속**이 아니다.</u> ㉡<u>특정 물건을 주고받는 기념일을 챙기다 보면 용돈을 낭비하게 되고, 선물을 못 받은 친구는 소외감을 느끼게 된다.</u> ㉢<u>내 친구도 기념일이 없어졌으면 좋겠다고 했다.</u> ㉣<u>이런 기념일이 아니어도 친구에게 좋아하는 마음을 전할 수 있으며, 그 방법이 꼭 선물일 필요도 없다.</u> 물건을 팔기 위해 억지로 만든 기념일은 우리 곁에서 사라져야 한다.
>
> • **풍속**(風 바람 풍, 俗 풍속 속): 옛날부터 그 사회에 전해 오는 생활 전반에 걸친 습관 따위를 이르는 말.

① ㉠   ② ㉡

③ ㉢   ④ ㉣

3 ㉠~㉣ 중 주장을 뒷받침하기에 적절한 근거가 <u>아닌</u> 것은 무엇인가요? ( )

> 학교에서 이름 대신 별명을 부르는 친구가 많습니다. 그러나 저는 별명을 부르지 말아야 한다고 생각합니다.
> ㉠<u>마른 사람을 '멸치', 통통한 사람을 '돼지'라고 부르는 것처럼 별명은 상대를 낮추어 부르는 말만 있습니다.</u> ㉡<u>좋지 않은 별명이 붙어서 놀림감이 되거나,</u> ㉢<u>별명으로 인해 상처를 받는 경우도 있습니다.</u> 이름이 있는데 굳이 별명을 부를 필요가 있을까요? ㉣<u>별명을 부르면 친근해진다고 하지만, 별명을 부르지 않고도 친해질 수 있는 방법은 얼마든지 있습니다.</u> 별명을 부르지 맙시다.

① ㉠   ② ㉡

③ ㉢   ④ ㉣

독해 원리편

글을 읽고 글쓴이의 생각을 정리한 뒤, 글쓴이의 생각이 적용된 사례를 찾고
다른 관점에서 글쓴이의 생각을 판단하며, 글쓴이의 생각과 내 생각을 비교하는 활동을 해요.
아래와 같은 연습을 하면서 주장하는 글의 독해를 완성해요.

글쓴이의 생각이 적용된 사례 찾기 → 글쓴이의 생각을 다른 관점으로 읽기 → 새로운 상황에 글쓴이의 생각 적용하기

5

글쓴이의 생각과
내 생각을 비교해요

원리 연습 **1. 글쓴이의 생각이 적용된 사례 찾기**
글쓴이의 생각을 정리해서 같은 생각 또는 다른 생각이
드러난 경우를 찾는 연습을 해요.

원리 연습 **2. 글쓴이의 생각을 다른 관점으로 읽기**
글쓴이의 생각을 다른 관점으로 읽으며 주장에 대한
비판적인 시각을 길러요.

원리 연습 **3. 새로운 상황에 글쓴이의 생각 적용하기**
글쓴이의 생각을 정리해서 새로운 상황에 적용해 보는
연습을 해요.

5 글쓴이의 생각과 내 생각을 비교해요

만화 속 독해 원리

❶ 주장하는 글을 읽고, 글쓴이의 생각과 같은 사례를 찾을 수 있습니다.

❷ 주장하는 글을 읽고, 글쓴이와 다른 관점으로 문제를 바라볼 수 있습니다.

❸ 주장하는 글을 읽고, 글쓴이의 생각을 다른 상황에 적용해 볼 수 있습니다.

1. 글쓴이의 생각이 적용된 사례 찾기

💬 주장하는 글을 읽고 글쓴이의 생각이 적용된 사례를 찾으면 주장에 대한 근거를 더 많이 생각해 볼 수 있어요.

1 다음 중 글쓴이의 생각이 적용된 사례는 무엇인가요? (   )

저마다 자신을 낳고 키워 주신 부모님을 사랑하고, 부모님께 고마운 마음을 간직하고 있다. '나중에 돈을 많이 벌면 꼭 부모님께 효도해야지!'라고 생각하기도 한다. 부모님께 좋은 집이나 차, 옷 등을 사 드리겠다는 것이다. 그러나 물질적으로 부모님을 편히 모시는 것만이 효도는 아니다. 부모님의 마음을 편안하고 행복하게 해 드리는 것이야말로 진정한 효도이다. 걱정 끼칠 행동을 하지 않는 것, 사랑한다는 말을 자주 하는 것, 부모님께 관심을 기울이는 일이 모두 효도인 셈이다. "자식은 섬기고자 하나, 어버이는 기다리지 않는다."라는 말이 있다. 나중이 아니라, 지금 당장 효도를 실천하자.

① 어머니께 값비싼 가방을 선물해 드린다.
② 늦은 시간까지 밖에 있게 될 경우에는 부모님께 전화를 드린다.
③ 부모님의 얼굴빛이 어두울 때는 모른 체하며 말을 하지 않는다.
④ 효도는 나중에 돈을 많이 벌어서 할 수 있으니 다음으로 미룬다.

2 다음 중 글쓴이와 같은 생각으로 행동한 사례는 무엇인가요? (   )

> 책임감이란 맡은 일을 중요하게 생각하고, 끝까지 해내려는 마음을 뜻합니다. 책임감은 누구에게나 필요한 덕목이며, 우리는 어떤 일을 하든 책임감을 가져야 합니다. 책임감이 없는 사람은 다른 이에게 신뢰받기 어렵습니다. 또한 저마다 맡은 일에 책임을 다할 때, 우리 사회도 발전할 수 있습니다.

① 청소 당번인데 몰래 도망쳤다.
② 모둠 숙제에서 맡은 부분을 하지 않았다.
③ 연극에서 작은 역할을 맡았지만 열심히 연습하였다.
④ 동생을 돌보기로 엄마와 약속한 뒤, 친구들과 놀러 갔다.

3 다음 중 글쓴이의 생각이 적용된 사례가 <u>아닌</u> 것은 무엇인가요? (   )

> 동물도 고통받지 않고 행복할 권리가 있다. 하지만 인간은 제 이익만을 위해 동물의 권리를 아랑곳하지 않는다. 더 많은 달걀을 얻으려고 양계장의 불을 24시간 켜 두고, 보드라운 털가죽을 얻겠다는 이유로 살아 있는 동물의 가죽을 벗기는 끔찍한 일을 저지르기도 한다.
>
> 인간이 살아가기 위해서는 동물을 이용해야 하는 때가 있다. 그렇다고 동물을 고통스럽게 해도 괜찮을까? 동물의 생명을 소중히 여기며, 그들이 받는 고통을 최대한 줄이도록 노력하자.
>
> ▲ 양계장

① 오리와 거위의 털을 뽑아 이불을 만들었다.
② 화장품을 만들 때 동물 실험을 하지 않았다.
③ 닭을 자유롭게 돌아다닐 수 있도록 하며 길렀다.
④ 천연 가죽 대신 인조 가죽으로 만든 제품을 사용하였다.

2. 글쓴이의 생각을 다른 관점으로 읽기

💬 주장하는 글에 나타난 글쓴이의 생각을 다른 관점으로 읽으면 주장에 대한 비판적인 시각을 기를 수 있어요.

1 다음 중 글쓴이의 생각과 관점이 <u>다른</u> 것은 무엇인가요? (　　　)

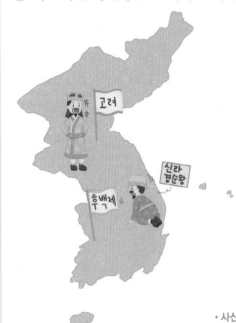

935년, 천 년을 이어 오던 나라인 신라가 역사 속으로 사라졌다. 당시 신라는 기울대로 기울어져 있었고, 왕건이 다스리는 고려가 큰 힘을 떨치고 있었다. 신라를 다스리던 경순왕은 고려와 전쟁을 벌인다면 많은 백성이 목숨을 잃게 될 것이라 판단했다. 그래서 경순왕은 고려의 왕건에게 **사신**을 보내 항복한다는 뜻을 전했다. 고려에 항복하는 것을 반대하며 끝까지 싸우기를 주장하는 사람들도 있었지만, 경순왕이 뜻을 굽히지 않았던 것이다. 비록 신라는 사라졌어도 경순왕이 항복한 덕분에 신라의 백성은 피해를 입지 않았다. 또한 신라의 소중한 문화유산도 파괴되지 않을 수 있었다.

• 사신(使 하여금 사, 臣 신하 신): 임금님의 명령으로 다른 나라에 가는 신하.

① 나라보다 백성의 생명이 더 소중하다.
② 고려에 맞서지 않은 경순왕의 선택은 현명했다.
③ 경순왕이 고려에 항복한 덕분에 신라의 문화유산을 지킬 수 있었다.
④ 경순왕이 백성과 힘을 합해 고려에 맞섰다면, 신라를 지켜 냈을 것이다.

2 다음 중 글쓴이와 <u>다른</u> 관점을 갖고 있는 친구는 누구인가요? (   )

우리나라에는 죄인의 목숨을 **빼앗는** 형벌인 '사형 제도'가 있다. 그러나 사형 제도가 계속 필요한지는 생각해 보아야 한다. 비록 법을 따르는 것이라고 해도, 사형은 사람의 생명을 **빼앗는** 것이다. 또한 사형 제도는 독재자들에게 악용될 수 있다. 독재에 반대하는 사람들에게 누명을 씌워 생명을 앗아 가는 **수단**으로 이용되는 것이다. 또한 죄를 짓지 않았는데 범인으로 오해받아 사형을 당할 위험도 있다.

• **수단(手 손 수, 段 층계 단)**: 어떤 목적을 이루기 위한 방법. 또는 그 도구.

① 민아: 사형 제도는 인간의 존엄성을 해치는 일이다.
② 은주: 억울하게 사형을 당한 사람은 되살릴 수 없다.
③ 근호: 사형 제도가 있다고 해서 반드시 범죄율이 낮은 것은 아니다.
④ 진현: 흉악한 범죄를 저지른 죄인은 사형으로 처벌해야 사회 질서를 유지할 수 있다.

3 다음 중 글쓴이의 생각과 <u>다른</u> 것은 무엇인가요? (   )

돈이 많다고 행복한 것은 아닙니다. 세상에는 돈으로 살 수 없는 값진 것도 많습니다. 가족의 건강, 마음을 나누는 친구, 머릿속의 지식, 두려움을 이겨 내는 용기 등은 결코 돈으로 살 수 없지요. 돈이 많아야만 행복할 것이라는 생각은 도리어 우리를 불행하게 만듭니다. 기를 쓰고 돈을 버느라 몸과 마음이 지치고 상할 수도 있는 것입니다.

① 사랑은 돈으로 살 수 없다.
② 돈이 최고로 값진 것은 아니다.
③ 돈이 많아도 불행한 일을 겪을 수 있다.
④ 원하는 일을 마음껏 하려면 돈이 많아야 한다.

3. 새로운 상황에 글쓴이의 생각 적용하기

💬 주장하는 글에 나타난 글쓴이의 생각을 새로운 상황에 적용하면, 생각이 넓어지고 사고력을 기를 수 있어요.

1

다음 글의 글쓴이라면 〈보기〉의 상황에서 어떤 생각을 했을까요? (   )

모든 것은 생각하기 나름이다. 같은 일을 두고도 어떻게 생각하느냐에 따라 마음의 상태가 달라질 수 있다는 말이다. 전래 동화 가운데 이를 잘 알려 주는 이야기가 있다.

옛날에 부채 장수와 **나막신** 장수를 아들로 둔 어머니가 있었다. 어머니는 비가 오면 부채가 팔리지 않을 거라며 부채 장수 아들을 걱정했다. 또 해가 나면 나막신이 팔리지 않을 거라며 나막신 장수 아들을 걱정했다. 그러니 비가 오나 해가 나나 걱정이 끊이질 않았다. 그러다 이웃 사람의 말을 듣고 생각을 바꾸게 되었다. 비가 오면 나막신이 잘 팔리고, 해가 나면 부채가 잘 팔린다고 생각하게 된 것이다. 그러니 비가 내려도 기쁘고, 해가 쨍쨍 나도 행복했다.

이처럼 모든 일에는 좋은 면과 나쁜 면이 있다. 그리고 생각하기에 따라 슬픔을 기쁨으로, 괴로움을 즐거움으로 바꿀 수 있다. 이왕이면 좋은 쪽으로 생각하자.

• **나막신**: 신의 하나. 나무를 파서 만든 것으로 앞뒤에 높은 굽이 있어 비가 오는 날이나 땅이 진 곳에서 신었다.

• 보기 •

여름 방학이 끝났다. 내일이면 학교에 가야 한다.

① 여름 방학이 끝나서 슬퍼.
② 여름 방학이 너무 짧은 것 같아.
③ 여름 방학 때 실컷 놀았어야 했는데…….
④ 내일이면 반가운 친구들을 만날 수 있겠네.

2 다음 글의 글쓴이가 [보기]의 광고를 보았다면 어떤 생각을 했을까요? (　　　)

오직 겉보기로만 사람을 판단하는 경우가 많습니다. **학력**이 높다거나, 높은 **지위**에 있다거나, 돈이 많다거나, 남들보다 외모가 빼어나면 훌륭한 사람, 본받을 만한 사람으로 생각하는 것입니다. 그러나 높은 지위에 있어도 남을 업신여기거나, 돈을 많이 벌었어도 자신의 이익만을 위해 거짓말을 일삼는 사람들도 있습니다. 이들은 결코 훌륭하거나 본받을 만한 사람은 아닙니다. 따라서 겉보기로만 사람을 판단해서는 안 됩니다.

• 학력(學 배울 학, 歷 지날 력): 학교를 다닌 경력.
• 지위(地 땅 지, 位 자리 위): 개인의 사회적 신분에 따르는 위치나 지위.

┌ **보기** ┐

① 자동차의 성능을 잘 표현한 광고이다.

② 좋은 차를 타고 다닌다고 품격이 높은 사람이 되는 것은 아니다.

③ 품격 높은 사람을 위해 만들어진 특별한 자동차이니 나도 사야겠다.

④ 외적인 것은 곧 그 사람의 됨됨이이므로, '타고 다니는 차가 품격을 나타낸다'는 광고 문구는 적절하다.

적용편

독해 원리편에서 배웠던 다섯 가지 원리를 다섯 가지 영역별 지문에 적용합니다.
다섯 가지 영역에는 인문, 사회, 과학, 기술, 예술이 있어요.

[인문]
역사, 철학, 윤리, 사상, 심리학,
언어 등을 다룬 글

[사회]
경제, 정치, 법, 사회 일반,
복지, 여성, 언론
등을 다룬 글

영역

[예술]
미술, 음악, 건축, 공연,
예술 일반 등을 다룬 글

[과학]
수학, 생물학, 물리학,
지구 과학, 화학 등을 다룬 글

[기술]
정보 통신,
에너지 · 자원, 기계 등을
다룬 글

이 책에서 다룬 다섯 영역별 작품 목록

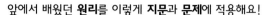

독해 원리로 읽기 ❶

앞에서 배웠던 **원리**를 이렇게 **지문**과 **문제**에 적용해요!

층간 소음 문제를 해결하자

문제 상황

❶ 요즘 층간 소음 문제가 심각하다. '층간 소음'이란 여러 사람이 함께 사는 공동 주택에서 일어나는 소음 공해를 말한다. 가구를 끄는 소리, 아이들이 뛰는 소리, 텔레비전 소리, 반려동물이 내는 소리 등이 모두 층간 소음에 해당한다. 이런 층간 소음 때문에 사람들은 스트레스를 받고, 이웃과 다툼을 벌이기도 한다. 때로는 다툼이 범죄로 이어지는 일까지 있다. 따라서 층간 소음을 줄이기 위해 적극적으로 노력해야 한다.

글쓴이의 주장

❷ 이런 문제를 해결하는 가장 좋은 방법은 ① 층간 소음의 심각성을 알고 개개인이 소음을 줄이려고 노력하는 것이다. 공동 주택이 여럿이 함께 사는 곳임을 명심하고, 소음이 나지 않게 생활해야 한다.

❸ ② 공동 주택에 사는 사람들끼리 회의를 열어 규칙을 만드는 방법도 있다. 예로, '청소기처럼 큰 소리를 내는 기계는 밤 10시가 넘으면 사용하지 않는다.', '저녁 8시 이후에는 악기를 연주하지 말자.' 같은 구체적인 규칙을 만드는 것이다. 규칙을 만들면 지켜야 할 점을 확실히 알 수 있어 층간 소음을 줄이는 데 한결 도움이 된다.

❹ ③ 마지막으로 이웃 간에 왕래하며 지내는 것도 방법 중의 하나다. 요즘에는 옆집에 누가 사는지도 모르는 경우가 많다. 그러다 보니 소음 문제로 갈등이 생겼을 때, 말로 풀기보다는 관리실에 신고부터 한다. 자연히 오해와 불쾌한 감정이 생길 수밖에 없다. 하지만 이웃끼리 알고 지내면, 문제가 생겼을 때 먼저 대화로 풀려고 노력하게 된다. 그만큼 층간 소음으로 인한 갈등을 부드럽게 풀 수 있다.

글쓴이가 제시한 해결 방안

❺ 층간 소음은 몇몇 사람만이 겪는 문제가 아니다. 우리나라 국민의 약 70%가 공동 주택에 살고 있기 때문이다. 집은 휴식을 취하고 내일을 준비하는 소중한 공간이다. 나도, 다른 사람도 집에서 편안히 지낼 수 있도록 층간 소음을 줄이는 데 힘쓰자.

주장을 다시 한번 강조함.

독해 방법 한눈에

주장의 대상이 무엇인지 파악하기
⬇
문제 상황과 해결 방안 찾기

글의 구조

서론(❶): '층간 소음'으로 인한 문제가 심각하다며, '층간 소음을 줄이기 위해 노력하자'고 주장함.
본론(❷~❹): 층간 소음을 줄일 수 있는 해결 방법을 제시함.
결론(❺): 앞의 내용을 아우르며 다시 한번 주장을 강조함.

낱말
- **반려동물** 사람이 정서적으로 의지하고자 가까이 두고 기르는 동물. 개, 고양이, 새 등.
- **왕래** 가고 오고 함.

1 이 글에서 주장의 대상은 무엇인가요? (   )

① 이웃   ② 규칙
③ 층간 소음   ④ 공동 주택

2 이 글에 나타난 해결 방안이 <u>아닌</u> 것은 무엇인가요? (   )

① 층간 소음 문제가 심각하다.
② 이웃 간에 왕래하며 지낸다.
③ 회의를 열어 규칙을 만든다.
④ 개개인이 소음을 줄이도록 노력한다.

3 글쓴이와 같은 생각으로 행동한 친구는 누구인가요? (   )

① 집에서 공놀이를 하는 형섭
② 새벽에 청소기로 청소를 하는 정연
③ 층간 소음 방지 슬리퍼를 신는 혜정
④ 밤에 큰 소리로 음악을 틀어 놓는 정희
⑤ 일요일 새벽에 피아노 연습을 하는 민주

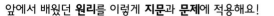

외계 생명체는 존재할까?

❶ ㉠공상 과학 영화나 소설에는 외계 생명체가 자주 등장한다. 지구인과 사뭇 다르게 생긴 외계 생명체가 지구를 침략하기도 하고, 지구인이 우주선을 타고 우주로 날아갔다가 외계 생명체를 만나기도 하는 것이다. 과연 우주에서 생명체가 살고 있는 곳은 지구뿐일까? 나는 저 먼 우주 어딘가에 외계 생명체가 살고 있다고 믿는다.

❷ ㉡1969년 오스트레일리아에 떨어진 운석에서 아미노산이 발견되었다. 운석은 우주에서 날아온 돌조각이며, 아미노산은 생명체를 구성하는 기본 물질 가운데 하나다. 따라서 ㉢운석에서 아미노산이 발견된 것은 우주 어딘가에 생명체가 존재할 수도 있다는 증거가 된다.

→ 글쓴이의 관점이 드러난 부분

❸ 우주는 우리가 상상할 수 없을 정도로 넓고, 엄청나게 많은 별과 행성이 있다. ㉣별이 모여 있는 거대한 무리를 '은하'라고 하는데, 은하에는 약 1,000억 개의 별이 있다. 게다가 우주에는 이런 은하가 1,000억 개도 넘는다. 태양과 지구가 속한 우리 은하도 그 1,000억 개 가운데 하나이다. 무수히 많은 별과 행성 중에 오직 지구에만 생명체가 존재한다는 것은 도리어 상식적이지 않다. ㉤유명한 우주 물리학자 스티븐 호킹 역시, "우주에는 약 1,000억 개의 은하가 존재하고, 은하마다 많은 별이 있다. 이런 광활한 공간에서 지구에만 진화한 생명체가 존재한다는 것은 비합리적이다."라고 했다.

→ 글쓴이의 주장을 강조함.

❹ 눈에 보이지 않는다고, 외계 생명체의 존재를 부정해서는 안 된다. 과학자들은 이미 수십 년 전부터 외계 생명체를 찾기 위해 노력해 왔다. 그리고 이런 노력은 계속될 것이다.

낱말
● **외계** 지구 밖의 세계.
● **행성** 중심 별의 주위를 도는 천체.

독해 방법 한눈에

> 글쓴이의 관점 파악하기
>
> ↓
>
> 주장을 뒷받침하기 위해 어떤 방법으로 근거를 제시했는지 찾기

— 근거 ①: 운석에서 아미노산이 발견됨.

— 근거 ②: 광활한 우주에 지구에만 진화한 생명체가 존재한다는 것은 비합리적임.
✦ 스티븐 호킹의 말을 인용함.

글의 구조
서론(❶): '우주 어딘가에 외계 생명체가 살고 있다고 믿는다'며 관점을 드러냄.
본론(❷, ❸): 아미노산이 발견된 운석과 광활한 우주에 지구에만 생명체가 존재한다는 것은 비합리적이라는 근거를 제시함.
결론(❹): 외계 생명체의 존재를 부정해서는 안 된다고 주장함.

1

글쓴이의 관점으로 옳은 것은 무엇인가요? (   )

① 외계 생명체는 존재한다.

② 외계 생명체는 존재하지 않는다.

③ 인간과 외계 생명체는 만날 수 없다.

④ 외계 생명체가 존재한다는 것은 비합리적이다.

⑤ 공상 과학 영화에는 외계 생명체가 자주 등장한다.

> **원리** 1. 주장하는 내용을 확인해요.
> **정답** ①
> **풀이** 관점은 어떤 사물이나 현상에 대한 글쓴이의 생각입니다. 글쓴이는 외계 생명체의 존재를 믿는다고 했습니다.

2

㉠~㉤ 중 '인용'의 방법으로 주장을 뒷받침한 것은 무엇인가요? (   )

① ㉠   ② ㉡

③ ㉢   ④ ㉣

⑤ ㉤

> **원리** 3. 근거가 주장을 어떻게 뒷받침하는지 찾아요.
> **정답** ⑤
> **풀이** 글쓴이는 우주에서 오직 지구에만 생명체가 존재하는 것이 상식적이지 않다며, 스티븐 호킹의 말을 인용해 주장을 뒷받침했습니다.

3

이 글의 주장과 근거로 옳지 않은 것은 무엇인가요? (   )

① 주장: 외계 생명체는 존재한다.

② 근거: 운석에서 아미노산이 발견되었다.

③ 주장: 운석은 우주에서 날아온 돌조각이다.

④ 근거: 광활한 우주에서 지구에만 진화한 생명체가 있다는 것은 비합리적이다.

> **원리** 4. 주장과 근거가 알맞은지 확인해요.
> **정답** ③
> **풀이** 주장은 '글쓴이의 의견'이고, 근거는 '주장을 뒷받침하는 내용'입니다. 글쓴이는 외계 생명체가 존재한다고 주장했습니다. 운석에서 아미노산이 발견된 것, 광활한 우주에서 지구에만 진화한 생명체가 있다는 것은 비합리적이라는 것을 근거로 들었습니다.

합리적으로 소비하자

사람은 소비를 하면서 살아간다. 소비란 물건을 사거나 서비스를 이용하기 위해 돈을 쓰는 것을 말한다. ㉠시장에서 반찬거리를 사고, 차에 기름을 넣고, 미용실에서 머리를 자르고, 문방구에서 학용품을 사는 것이 모두 소비이다. 살아가기 위해서는 반드시 소비를 해야 하지만, 가정에서 버는 돈은 한정되어 있다. 만약 무턱대고 이것저것 사다 보면, 나중에 꼭 필요한 물건조차 살 수 없게 되고 은행에 빚을 지게 될 수도 있다. 따라서 우리는 합리적인 소비를 해야 한다.

합리적인 소비란, 한정된 소득으로 최대한의 만족을 얻을 수 있도록 소비하는 것을 말한다. 그렇다면 합리적인 소비는 어떻게 해야 할까? 합리적인 소비를 하려면 먼저, ㉡돈을 사용할 계획을 세워야 한다. 얼마를 소비할지, 얼마를 저금할지를 정해 두는 것이다.

㉢소비를 할 때는 내게 꼭 필요한 물건인지 생각해 보고 사야 한다. 그저 예쁘다고 충동적으로 물건을 사거나, 많은 사람이 갖고 있다고 해서 무작정 따라 사서는 안 된다.

또한 ㉣사려는 물건에 대해 알아보아야 한다. 물건의 가격과 품질, 쓰임새 등을 꼼꼼하게 따져 보는 것이다. 물건에 대한 정보는 주변 사람들에게 물어보거나 인터넷 검색을 통해 알아볼 수 있다. 이렇게 하면, 내게 알맞은 질 좋은 물건을 싼값에 살 수 있다.

마지막으로 ㉤소비를 한 뒤에는 돈을 어디에, 얼마나 썼는지 적어 두어야 한다. 그래야 내가 돈을 적절하게 사용했는지, 앞으로 쓸 수 있는 돈이 얼마인지를 쉽게 파악할 수 있다. 계획적으로 돈을 사용하는 데 큰 도움이 되는 셈이다.

우리는 사고 싶은 것도 많고, 하고 싶은 일도 많다. 하지만 우리가 가진 돈이 정해져 있는 만큼 똑똑하게 소비해야 한다. 합리적인 소비로 만족을 높이고 훗날도 대비하자.

 낱말 사전
- **한정되어** 수량이나 범위 따위가 제한되어 정해져.
- **충동적** 마음속에서 어떤 욕구 같은 것이 갑작스럽게 일어나는. 또는 그런 것.

1 글쓴이는 '소비'에 대해 어떻게 생각하고 있나요? (   )

① 소비를 해서는 안 된다.

② 소비는 합리적으로 해야 한다.

③ 소비는 충동적으로 할 수밖에 없다.

④ 소비할 돈이 부족하면 은행에서 빌리면 된다.

2 다음은 무엇에 대하여 말한 것인지 이 글에서 찾아 쓰세요.

> 한정된 소득으로 최대한의 만족을 얻을 수 있도록 소비하는 것을 말한다.

(   )

3 ㉠~㉤ 중 글쓴이가 말한 합리적인 소비를 위한 방법에 속하지 <u>않는</u> 것은 무엇인가요? (   )

① ㉠   ② ㉡   ③ ㉢

④ ㉣   ⑤ ㉤

4 다음 중 글쓴이가 말한 합리적인 소비를 한 친구는 누구인가요? (   )

① 용돈 기입장을 쓰지 않는 혜연

② 물건을 살 때 품질을 신경 쓰지 않는 도연

③ 필요는 없지만 예쁘기 때문에 메모지를 산 민주

④ 친구들이 모두 갖고 있어서 게임기를 따라 산 형태

⑤ 장난감을 사기 전에 인터넷으로 정보를 검색해 본 미나

독서의 힘

가 어린이들이 책과 점점 멀어지고 있습니다. 신문 기사에 따르면, 초등학생의 독서량이 저학년에서 고학년으로 갈수록 줄어든다고 합니다. 이처럼 독서량이 줄어드는 것은 매우 걱정스러운 일입니다. 독서를 통해 우리는 많은 것을 얻을 수 있기 때문입니다.

나 첫째, 책을 읽으면 많은 지식과 정보를 얻을 수 있습니다. 책에는 글쓴이의 경험과 생각, 연구 결과 등이 담겨 있습니다. 따라서 다양한 책을 읽으면 미처 알지 못했던 새로운 사실들을 알 수 있습니다.

다 둘째, 독서를 하면 재미를 느낄 수 있습니다. 동화나 소설, 시 등을 읽고 우리는 즐거움과 재미를 느낍니다. 짜릿한 모험을 떠나는 기분을 맛보거나 상상의 날개를 활짝 펼칠 수도 있지요.

라 셋째, 독서는 생각하는 힘을 길러 줍니다. 책에는 다양한 이야기와 등장인물이 나옵니다. 우리는 책을 읽으면서 왜 그런 일이 벌어졌는지, 등장인물이 왜 그런 말과 행동을 하였는지, 나라면 어떻게 했을지 등을 생각합니다. 이렇게 다양한 생각을 하다 보면 생각하는 힘도 함께 자라나게 됩니다.

마 넷째, 독서를 하면 표현력과 어휘력이 길러집니다. 책에는 사물이나 사건, 상황 등을 표현하는 다양한 문장들이 쓰여 있고, 뜻을 알지 못하는 여러 가지 낱말도 나옵니다. 그래서 책을 읽으면 자연스럽게 표현력이 늘고 더 많은 낱말을 알 수 있게 됩니다.

바 이처럼 독서는 우리에게 많은 이로움을 줍니다. 한번 책과 멀어지면 다시 책을 가까이하기 어려울 때가 많습니다. 독서하는 습관을 들여 날마다 조금씩이라도 책을 읽도록 합시다.

낱말사전
- **지식** 어떤 대상에 대하여 배우거나 실천을 통하여 알게 된 명확한 인식이나 이해.
- **어휘력** 어휘를 마음대로 부리어 쓸 수 있는 능력.

1 이 글의 글쓴이가 걱정하고 있는 문제는 무엇인지 쓰세요.

( )

2 이 글에서 글쓴이가 주장하는 내용으로 빈칸에 들어갈 말은 무엇인가요?

( )

| | |을/를 하자.

① 독서　　　　　　　　② 절약
③ 운동　　　　　　　　④ 연구

3 글쓴이가 말한 독서의 장점이 <u>아닌</u> 것은 무엇인가요? ( )

① 재미를 느낄 수 있다.
② 생각하는 힘을 길러 준다.
③ 표현력, 어휘력이 좋아진다.
④ 책을 가까이하기 어렵게 된다.
⑤ 많은 지식과 정보를 얻을 수 있다.

4 이 글을 서론, 본론, 결론으로 바르게 나눈 것은 무엇인가요? ( )

	서론	본론	결론
①	가	나, 다, 라	마, 바
②	가	나, 다, 라, 마	바
③	가, 나	다, 라	마, 바
④	가, 나	다, 라, 마	바
⑤	가, 나, 다	라, 마	바

[과학]

유전자 재조합 농산물의 문제

유전자 재조합 농산물에 대해 들어본 적이 있습니까? 유전자 재조합 농산물은 유전자를 더하거나 빼는 방식으로 변형시켜서 생산한 농산물을 말합니다. 현재 콩, 옥수수, 토마토, 감자 등 다양한 농산물이 유전자 재조합 방식으로 재배, 생산됩니다. 유전자 재조합 농산물은 병충해에 강하기 때문에 비교적 적은 힘과 비용을 들이고도 많은 양을 수확할 수 있습니다. 그러나 한편으로는 큰 문제를 안고 있습니다.

먼저, 유전자 재조합 방식으로 생산한 농산물이 안전하다고 장담할 수 없습니다. 유전자 농산물은 1994년에 처음 개발되어 1996년부터 재배하기 시작했습니다. 사람들이 수만 년 전부터 먹어 왔던 농산물과 비교한다면, 유전자 재조합 농산물을 먹게 된 시간은 아주 짧지요. 그래서 오랫동안 많은 양을 먹었을 때 우리 몸에 어떤 영향을 미칠지 알 수가 없습니다.

또한 유전자 재조합 농산물은 생태계를 어지럽힐 수 있습니다. 유전자 재조합 농산물을 재배하는 곳에서 자라는 잡초는 이전보다 훨씬 강해져서 어지간한 제초제에도 죽지 않습니다. 이곳의 곤충 역시 농약을 버티는 힘이 세어졌지요. 유전자 재조합 농산물이 다른 식물과 동물에게 영향을 미친 것입니다. 유전자 재조합 농산물을 재배하는 곳이 점점 많아진다면 영향력은 더욱 커질 것이고, 이로 인해 생태계가 균형을 잃고 혼란스러워질 수도 있습니다.

유전자 재조합 농산물은 값이 싸다는 이유로 생산량이 빠르게 늘고 있습니다. 가축의 사료로 쓰이고, 가공식품의 원료가 되기도 하지요. 그러나 안전하다고 장담할 수 없고, 생태계에 미칠 영향도 알 수 없습니다. 따라서 이에 관한 연구를 계속하며 좀 더 지켜봐야 합니다. 무작정 생산량을 늘렸다가는 돌이킬 수 없는 문제가 생길 수도 있습니다.

낱말사전
- **유전자** 생명체의 특징을 만드는 원인이 되는 낱낱의 요소나 물질.
- **장담할** 확신을 가지고 아주 자신 있게 말할.
- **제초제** 잡초를 죽이는 약.

1 이 글에서 글쓴이는 무엇에 대한 주장을 하고 있나요? (   )

① 잡초
② 병충해
③ 생태계
④ 가공식품
⑤ 유전자 재조합 농산물

2 이 글에 대한 설명으로 옳은 것에 ○표 하세요.

⑴ 주장과 근거가 나타나 있다.   (   )
⑵ 유전자 재조합 농산물을 늘려야 한다고 주장하고 있다.   (   )
⑶ 최근에 발명된 농업용 기계에 대해 자세히 설명하고 있다.   (   )

3 글쓴이가 말한 유전자 재조합 농산물의 문제점으로 옳은 것에 모두 ○표 하세요.

⑴ 안전하다고 장담할 수 없다.   (   )
⑵ 생태계를 어지럽힐 수 있다.   (   )
⑶ 적은 힘과 비용으로 많은 양을 생산할 수 있다.   (   )

4 다음 중 글쓴이의 생각과 비슷한 관점을 가진 친구는 누구인지 쓰세요.

> 수정: 유전자 재조합 농산물을 재배하는 땅을 늘려야 해.
> 연우: 가축의 사료는 반드시 유전자 재조합 농산물을 이용해야 해.
> 호야: 유전자 재조합 농산물이 들어간 가공식품도 안전성을 지속적으로 연구할 필요가 있어.

(   )

적용 **4**

퓨전 한복을 바라보는 눈

한옥 마을이나 고궁에 가면 한복을 입은 사람을 많이 볼 수 있다. 그런데 요즘 사람들이 입는 한복을 놓고 이런저런 말들이 오간다. 많은 사람이 전통에서 벗어난 '퓨전 한복'을 입고 있기 때문이다. ㉠퓨전 한복은 전통 한복을 변형해서 만든 한복이다. 퓨전 한복은 전통 한복에 비해 입고 벗기에 편하고, 다양한 장식으로 화려하게 꾸민 것이 특징이다. 치마가 무릎 위까지 올라가거나 레이스로 장식된 한복도 있다.

그러다 보니, 퓨전 한복이 전통 한복의 특징인 단아함과 우아함을 훼손시킨다는 걱정의 목소리가 나오고 있다. 더 나아가 퓨전 한복을 입어서는 안 된다는 의견도 있다. 하지만 ㉡퓨전 한복을 부정적으로만 바라보아서는 안 된다.

전통 한복은 오랜 기간 사람들이 찾지 않았다. ㉢전통 한복의 값이 비싸고, 입고 활동하기에 불편하다는 이유 때문이었다. 그러던 때에 등장한 것이 예쁜 모양으로 눈길을 끌면서 편하게 입을 수 있는 퓨전 한복이다. ㉣퓨전 한복 덕분에 사람들이 다시 한복에 관심을 갖게 되었다. 실제로 퓨전 한복을 입고 나들이를 가거나 SNS(사회 관계망 서비스)에 퓨전 한복을 입은 사진을 찍어 올리는 사람도 많아졌다.

의복은 시대에 따라 달라진다. 한복도 시대에 따라 모양이 조금씩 변해 왔다. ㉤퓨전 한복 역시, 시대가 변하면서 자연스럽게 모양이 달라진 것이다.

오늘날 사람들은 명절에도 좀처럼 한복을 입지 않는다. 이런 상황에서 퓨전 한복으로 인해 한복에 대한 관심이 살아나는 건 환영할 일이다. '전통에 딱 맞는 한복만을 고집하는 것'과 '퓨전 한복을 받아들이는 것.' 둘 중 어느 것이 전통을 되살리고 이어 나갈 수 있는 길인지 잘 생각해 보아야 할 것이다.

낱말사전
- **단아함** 단정하고 아담함.
- **훼손시킨다는** 체면이나 명예를 떨어뜨린다는.

1 이 글에서 가장 중요한 낱말은 무엇인지 쓰세요.

☐ ☐ ☐ ☐

2 퓨전 한복에 대한 설명으로 알맞지 <u>않은</u> 것은 무엇인가요? (　　　)

① 입고 벗기에 편하다.

② 레이스로 장식한 것도 있다.

③ 전통 한복을 변형해서 만들었다.

④ 값이 비싸고 활동하기에 불편하다.

⑤ 다양한 장식으로 화려하게 꾸몄다.

3 ㉠~㉤ 중에서 글쓴이의 주장과 근거를 찾아 바르게 나눈 것은 무엇인가요? (　　　)

	주장	근거
①	㉠	㉡, ㉢
②	㉠	㉢, ㉣
③	㉡	㉣, ㉤
④	㉡	㉠, ㉤
⑤	㉢	㉠, ㉣

4 다음 중 퓨전 한복에 대한 글쓴이의 관점과 다른 생각을 고르세요. (　　　)

① 퓨전 한복을 부정적으로만 보아서는 안 된다.

② 퓨전 한복의 모양은 자연스러운 변화로 보아야 한다.

③ 퓨전 한복 덕분에 사람들이 다시 한복에 관심을 갖게 되었다.

④ 외국인이 퓨전 한복을 우리나라의 전통 의상으로 오해할 우려가 있다.

우주 쓰레기의 위협

인류가 우주 개발에 나선 지 어느새 60년이 흘렀다. 그 사이 과학 기술이 발달하면서 세계 여러 나라는 앞다투어 인공위성과 우주선을 우주로 쏘아 올렸다. 지금까지 우주로 쏘아 올린 인공위성만 약 7,000개나 된다. 이와 더불어 우주 쓰레기도 빠른 속도로 증가하고 있다. 우주 쓰레기란 수명을 다한 인공위성, 인공위성에서 떨어져 나온 로켓의 윗부분과 작은 조각들, 우주인들이 우주를 유영하다가 떨어뜨린 물건 등을 모두 일컫는다. 문제는 이런 우주 쓰레기가 우리에게도 큰 위협이 된다는 것이다.

우주 쓰레기와 충돌하면 인공위성이 부서지거나 우주선에 타고 있는 사람들의 생명이 위험해질 수 있다. 현재 지구 주위를 떠도는 우주 쓰레기는 1센티미터가 안 되는 작은 것부터 1미터가 넘는 큰 것까지 수백만 개에 달한다. 우주 쓰레기가 이렇게 많기 때문에 충돌할 가능성도 무척 높다. 더욱이 이들은 총알보다 빠른 속도로 움직이므로 아주 작은 조각이라도 부딪치게 되면 엄청난 충격을 준다.

우주 쓰레기들끼리 충돌하는 것도 큰 문제다. 우주 쓰레기들이 충돌로 부서지면 또 다른 쓰레기 조각이 발생하고, 그 조각들이 다른 인공위성에 부딪혀 연쇄 충돌이 일어날 수도 있다. 그런 일들이 벌어지면 지구 주위는 온통 우주 쓰레기 조각들로 뒤덮이게 되고, 결국은 인공위성을 사용할 수 없게 된다.

우주 쓰레기들은 지구도 위협한다. 우주에서 지구로 떨어지는 물체는 대부분 대기권에서 불에 타 없어지지만, 일부가 남아서 지구로 떨어지기도 한다. 만약 이런 물체가 사람들이 많이 사는 도시에 떨어진다면 큰 피해가 발생한다.

빠른 속도로 떠도는 수많은 우주 쓰레기를 없애는 것은 쉬운 일이 아니다. 그러나 이대로 두어서도 안 된다. 세계 여러 나라가 힘을 합해 인공위성을 우주 쓰레기로 만드는 일이 없게 하고, 우주에 떠도는 쓰레기를 제거하려는 노력도 기울여야 한다.

낱말사전
- **유영하다가** 이리저리 떠돌아다니다가.
- **위협한다** 힘으로 으르고 협박한다.
- **대기권** 지구를 둘러싸고 있는 대기의 범위. 지상 약 1,000킬로미터까지를 이름.

1

이 글에서 가장 중심이 되는 낱말을 찾아 ○표 하세요.

지구   대기권   과학 기술   우주 쓰레기

2

이 글에 나타난 글쓴이의 주장을 두 가지 고르세요. (   )

① 인공위성을 우주 쓰레기로 만드는 일이 없게 하자.

② 우주에 떠도는 쓰레기를 제거하려는 노력을 기울여야 한다.

③ 세계 여러 나라가 앞다투어 인공위성을 우주로 쏘아 올렸다.

④ 빠른 속도로 떠도는 우주 쓰레기를 없애는 것은 쉬운 일이 아니다.

3

우주 쓰레기가 위협이 되는 까닭을 말한 것으로 바르지 않은 것은 무엇인가요? (   )

① 우주선과 충돌할 수 있다.

② 인공위성이 부서질 수 있다.

③ 우주 쓰레기는 모두 엄청나게 크다.

④ 우주 쓰레기 일부가 지구로 떨어질 수 있다.

⑤ 우주 쓰레기들끼리 부딪혀 연쇄 충돌을 일으킬 수 있다.

4

글쓴이의 생각과 다른 관점을 말한 친구는 누구인지 쓰세요.

정우: 역사적 의미가 있는 우주 폐기물은 없애지 말고 잘 지켜야 해.

예리: 인공위성을 우주 쓰레기로 만드는 일이 없도록 모두가 노력해야 해.

선혜: 우주에 떠도는 쓰레기를 없애는 방법을 꾸준히 연구해야 해.

(   )

SNS 중독을 경계하자

SNS로 인해 사람들의 생활에 많은 변화가 일어났다. 나이와 지역을 뛰어넘어 사람들과 교류하면서 다양한 인맥을 쌓을 수 있게 되었고, 자신의 재능을 여러 사람에게 알릴 수 있게 되었다. 다양한 정보도 손쉽고 빠르게 얻을 수 있게 되었다. 그러나 SNS가 사람들에게 이로운 것만은 아니다. SNS에 지나치게 빠져들면 ㉠여러 가지 문제가 생긴다.

첫째, ㉡현실의 인간관계에 소홀하게 된다. 사람과 사람이 관계를 유지하려면 얼굴을 직접 마주 대하며 소통하는 시간이 필요하다. 그러나 SNS에 빠져 있게 되면 가족이나 친구, 주변 사람들과 만나 대화하거나 어울리는 시간이 줄어들게 된다. 자연히 관계가 멀어지게 된다.

둘째, ㉢자기 자신을 발전시킬 시간 역시 줄어든다. SNS에 중독되면 특별한 목적도 없이 자유 시간 대부분을 SNS를 하는 데 사용한다. 운동을 하거나 취미 생활을 하거나 새로운 것을 배워서 자신을 발전시킬 시간이 그만큼 줄어드는 것이다.

셋째, ㉣진정한 자신의 모습을 잃게 되는 것도 문제다. 사람들은 SNS를 할 때 많은 사람의 관심을 끌고 댓글도 많이 달리기를 원한다. 그러다 보니 자신의 생각이 아닌, 다른 사람의 반응을 기준으로 삼아 글을 쓰거나 사진을 찍어 올리게 된다. 이런 일이 반복되면 결국 '진짜 나'는 사라지고, '철저히 다른 사람의 생각에 맞춘 나'만이 남게 된다.

㉤SNS는 분명 여러 가지 장점을 갖고 있다. 그러므로 장점을 살려 잘 활용한다면 생활하는 데 큰 도움이 된다. 그러나 지나치게 빠져들면 여러 가지 문제가 발생한다. SNS 중독을 경계하고, SNS를 알맞게 사용하자.

낱말사전
- **교류하면서** 문화나 사상 따위를 서로 통하게 하면서.
- **인맥** 정계, 재계, 학계 따위에서 형성된 사람들의 유대 관계.
- **경계하고** 옳은 일이나 잘못된 일들을 하지 않도록 타일러서 주의하게 하고.

1 이 글에서는 무엇의 문제점에 대해 말하였는지 빈칸에 알맞은 말을 쓰세요.

□□□□□

2 글쓴이는 SNS에 대해 어떻게 생각하고 있나요? (   )

① SNS를 사용해서는 안 된다.
② SNS 사용 시간을 늘려야 한다.
③ SNS 사용자가 더 많아져야 한다.
④ SNS에 좀 더 시간을 쏟아야 한다.
⑤ SNS 중독을 경계하고 알맞게 사용해야 한다.

3 ㉡~㉤ 중에서 ㉠에 해당하는 내용이 <u>아닌</u> 것은 무엇인가요? (   )

① ㉡   ② ㉢
③ ㉣   ④ ㉤

4 다음 중 글쓴이의 뜻에 따라 행동하지 <u>않은</u> 친구는 누구인가요? (   )

① **지윤**: 시간을 정해 놓고 SNS를 했어.
② **하나**: 가족과 식사하는 자리에서는 SNS를 하지 않았어.
③ **소현**: SNS에만 몰두하지 않고 다른 취미 생활도 하고 있어.
④ **정아**: 지난 일요일에는 하루 종일 SNS를 하며 시간을 보냈어.

발상의 전환을 해 보자

가 '발상의 전환'이라는 말이 있습니다. 이 말은 '생각의 방향을 바꾸어 보는 것'을 뜻합니다. 우리는 살아가면서 여러 가지 문제에 부딪힙니다. 쉽게 문제를 해결할 때도 있지만, 좀처럼 문제가 풀리지 않을 때도 있지요. 그럴 때에는 발상의 전환으로 문제를 해결하고, 나아가 새로운 가치를 만들어 낼 수도 있습니다.

나 이와 관련된 사례로 '아오모리 현의 합격 사과'를 꼽을 수 있습니다. 지난 1991년, 사과 재배지로 유명한 일본의 아오모리 현에 큰 태풍이 불어닥쳤습니다. 거센 비바람에 사과의 90퍼센트가 떨어지는 엄청난 피해가 발생했지요. 하지만 마을 사람들은 남은 사과를 팔아 태풍으로 입은 손실을 만회할 수 있었습니다. 남은 10퍼센트의 사과에 '태풍에도 떨어지지 않는 합격 사과'라는 이름을 붙인 것입니다. 이 사과는 다른 사과보다 무려 열 배나 비쌌지만 시험을 앞둔 수험생들에게 큰 인기를 끌었습니다.

다 태풍에 많은 사과가 떨어지는 문제 상황이 생겼을 때, 사람들은 대부분 땅에 떨어진 90퍼센트의 사과가 아깝다고만 생각합니다. 그러나 이 마을의 사람들은 10퍼센트의 사과에 눈을 돌리는 발상의 전환을 했습니다. 마침내 '합격 사과'를 생각해 냈고, 문제를 해결할 수 있었지요.

라 어떤 문제를 해결하기 위해 한 가지 생각에 골몰하다 보면, 도리어 그 생각에 갇힐 수도 있습니다. 그럴 때에는 과감히 한 걸음 물러나 다양한 시선으로 상황을 바라보고 생각해 보아야 합니다. 생각의 틀에 갇히지 말고 발상의 전환을 해 봅시다.

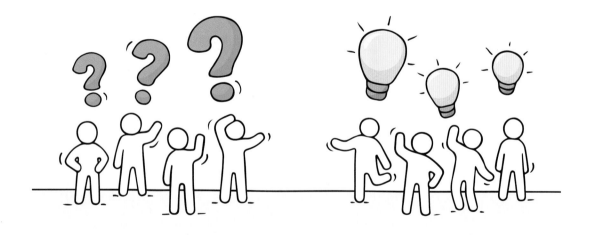

 낱말사전
- **손실** 잃어버리거나 감소해서 손해를 봄. 또는 그 손해.
- **만회할** 바로잡아 회복할.
- **골몰하다 보면** 다른 생각을 할 여유도 없이 한 가지 일에 파묻히다 보면.

1 '발상의 전환'에 대한 글쓴이의 관점으로 빈칸에 들어갈 말은 무엇인지 알맞은 것에 ○표 하세요.

> 발상의 전환이 □□□□□□

(1) 필요하다.   (   )
(2) 필요하지 않다.   (   )

2 **라**는 글의 짜임 중 어디에 속하는지 알맞은 것에 ○표 하세요.

> 서론   본론   결론

3 글쓴이는 주장을 뒷받침하기 위해 어떤 방법으로 근거를 들었나요? (   )

① 합격 사과를 산 수험생의 말을 인용했다.
② 아오모리 현의 합격 사과를 예로 들었다.
③ 사과의 낱말 뜻을 국어사전에서 찾아 인용했다.
④ 아오모리 현의 사과와 관련된 속담을 인용했다.
⑤ 아오모리 현의 사과가 맛있는 이유를 자세히 설명했다.

4 '발상의 전환'에 대해 바르게 이해한 친구는 누구인지 쓰세요.

> 혜리: 나는 문제가 발생하면 그것을 해결하기 위해 한 가지 생각에 계속 몰두할 거야.
> 준호: 나는 문제를 해결하기 위해 다양한 시선으로 상황을 바라보겠어.

(   )

'탄소 포인트제'에 참여하자

　지구가 점점 더워지면서 각종 문제가 일어나고 있다. 지구가 더워지는 이유는 이산화 탄소, 메탄 같은 온실가스가 지구를 에워싸서 열이 밖으로 빠져나가지 못하게 막기 때문이다. 마치 온실과 같은 작용이 일어난다고 해서 이를 '온실 효과'라고 한다. 온실 효과로 인해 빙하가 녹으면서 해수면이 높아져 낮은 지역과 섬들이 점차 물에 잠기고 있다. 세계 곳곳에서 기상 이변도 잇따른다. 찌는 듯한 불볕더위, 지독한 가뭄, 엄청난 위력의 태풍 등이 발생하고 있는 것이다.

　온실 효과로 인한 문제를 해결하려면, 이산화 탄소의 배출량을 줄여야 한다. 온실가스 가운데 이산화 탄소가 온실 효과에 가장 큰 영향을 미치기 때문이다. 그렇다면 어떻게 이산화 탄소의 양을 줄일 수 있을까?

　먼저, 이산화 탄소를 많이 배출하는 석유, 석탄, 천연가스 같은 화석 연료의 사용을 줄여야 한다. 그리고 화석 연료를 대신할 대체 에너지를 개발해야 한다. 태양열을 비롯해서 바람의 힘인 풍력, 물의 힘인 수력, 파도의 힘인 조력 등을 이용해 에너지를 만드는 것이다. 또한 이산화 탄소를 빨아들이는 숲을 보호하는 것도 중요한 방법이다.

　그러나 무엇보다 중요한 것은 한 사람 한 사람이 이산화 탄소를 줄이기 위해 노력하는 일이다. 그 방법으로, '탄소 포인트제'에 참여할 것을 제안한다. 탄소 포인트제는 온실가스를 줄이기 위해 만든 제도로, 개인이나 가정, 회사도 참여할 수 있다. 탄소 포인트제에 참여하면 생활에서 온실가스를 줄인 만큼 정부가 포인트를 준다. 그리고 쌓아 놓은 포인트에 따라 여러 가지 혜택도 받을 수 있다.

　온실가스를 줄이기 위해서는 세계 여러 나라의 정부가 힘을 합해서 다양한 방안을 마련해야 한다. 그러나 아무리 좋은 방안을 만들어도 사람들의 관심이 없다면 큰 효과를 거두기 어렵다. 작은 실천이 모여 큰 변화를 만든다. 탄소 포인트제에 참여해 온실가스 줄이기를 실천하자.

- **해수면**　바닷물의 표면.
- **이변**　예상하지 못한 사태나 괴이한 변고.
- **위력**　상대를 압도할 만큼 강력함. 또는 그런 힘.

1 다음에서 설명하는 것은 무엇인지 빈칸에 알맞은 말을 쓰세요.

> 온실가스를 줄이기 위해 만든 제도로, 생활에서 온실가스를 줄인 만큼 정부가 포인트를 주는 제도를 '☐☐☐☐☐☐'라고 한다.

2 이 글에 나타난 문제 상황이 <u>아닌</u> 것은 무엇인가요? (   )

① 빙하가 녹고 있다.
② 지구가 더워지고 있다.
③ 신생아 수가 매년 감소하고 있다.
④ 낮은 지역과 섬이 점차 물에 잠기고 있다.
⑤ 세계 곳곳에서 기상 이변이 일어나고 있다.

3 글쓴이가 말한 해결 방안에 따라 행동하지 <u>않은</u> 친구는 누구인지 쓰세요.

> 정우: 숲을 보호하기 위해 주말에 나무를 심었어.
> 민혁: 친구들과 함께 탄소 포인트제에 참여하였어.
> 민혁: 평소에 가까운 곳은 차를 타지 않고 걸어 다니고 있어.
> 시영: 지구가 더워지는 문제를 막기 위해 조금만 더워도 냉방기를 세게 틀고 있어.

(   )

다이어트는 건강을 위해

다이어트에 대한 사람들의 관심이 높다. 주위를 둘러보면 나이와 성별에 관계없이 다이어트에 열중하는 사람들을 쉽게 만날 수 있다. 그런데 잘못된 방법으로 다이어트를 하는 경우가 많다. '원 푸드 다이어트'라고 하여 사과나 고구마와 같은 한 가지 식품만 먹는가 하면, 음식을 극도로 제한해 아주 적은 양만 섭취하기도 한다.

그러나 이처럼 ⊙잘못된 방법으로 다이어트를 해서는 안 된다. 특정 식품만 섭취하거나, 지나치게 음식을 적게 먹으면 영양소가 부족해져서 건강에 이상이 생긴다. 머리카락이 빠지는 탈모, 위장 장애, 빈혈 같은 증상도 나타날 수 있다. 면역력이 떨어져서 질병에도 쉽게 걸린다. 따라서 건강을 해치지 않게 올바른 방법으로 다이어트를 해야 한다.

첫째, 우리 몸에 필요한 영양소를 골고루 섭취해야 한다. 또한 시간에 맞춰 세 끼를 챙겨 먹는 것이 좋다. 아침, 점심, 저녁 중 한 끼를 거르면 다음 식사를 할 때 폭식할 확률이 높아지기 때문이다.

둘째, 운동을 해야 한다. 그러나 몸에 무리가 되도록 운동을 해서는 안 되므로, 지나치게 오랜 시간 동안 운동을 하는 것은 피해야 한다. 운동의 종류를 선택할 때도 자신의 몸 상태에 알맞은 것을 골라야 한다.

셋째, 단기간에 살을 빼려는 생각도 버려야 한다. 짧은 기간 안에 살을 빼려고 하면 체중에 집착하게 되고, 굶는 것처럼 극단적인 방법을 선택하기가 쉽기 때문이다.

㉮『체중이 지나치게 많이 나가면, 그로 인해 건강에 문제가 생긴다. 그래서 체중을 줄이는 다이어트가 필요한 것이다. 단순히 예뻐 보이려는 의도로 다이어트를 해서는 안 된다. 건강을 위해 체중을 줄일 필요가 있다면, 올바른 방법으로 다이어트를 하자.』

낱말사전
● **극도로** 더할 수 없는 정도로.
● **폭식(暴 사나울 폭, 食 먹을 식)할** 음식을 한꺼번에 지나치게 많이 먹을.
● **극단적인** 길이나 일의 진행이 끝까지 미쳐 더 나아갈 데가 없는. 또는 그런 것.

1 글쓴이가 다이어트에 대해 하고 싶은 말은 무엇인지 빈칸에 들어갈 알맞은 말을 고르세요. (   )

	다이어트를 하자.

① 무조건 굶는   ② 올바른 방법으로
③ 살빼는 약을 먹는   ④ 운동을 하지 않는

2 ㉠의 근거로 제시된 내용이 <u>아닌</u> 것은 무엇인가요? (   )

① 영양소가 부족해진다.
② 머리카락이 빠질 수 있다.
③ 면역력이 높아질 수 있다.
④ 빈혈 증상이 나타날 수 있다.
⑤ 위장 장애 증상이 나타날 수 있다.

3 ㉮『   』는 주장하는 글의 짜임 중 어느 부분에 해당하는지 쓰세요.

4 다음 중 글쓴이의 주장에 따라 행동한 친구는 누구인지 쓰세요.

성호: 일주일 동안 굶어서 5킬로그램을 뺐어.
민아: 살을 빼기 위해 쉬운 운동부터 차근차근 하고 있어.
준기: 무릎이 아프지만 살을 빼기 위해 줄넘기를 오랜 시간 계속했어.

(   )

로봇세는 필요하다

'로봇세'에 대한 찬반 논쟁이 뜨겁다. 로봇세란 로봇을 이용해서 돈을 버는 사람이나 기업이 정부에 내는 세금을 말한다. 최근 몇몇 나라가 로봇세를 도입하려는 움직임을 보이고 있다. 그러자 로봇세 도입에 반대하는 목소리도 여기저기서 터져 나오고 있다. 로봇세를 내게 되면, 로봇을 개발하는 속도가 더뎌질 것이라는 주장이다. 또한 로봇세를 도입한 나라에 있는 기업들이 로봇세를 걷지 않는 나라로 옮겨 갈 것이라고도 한다. 그러나 나는 로봇세 도입에 찬성하는 입장이다.

로봇세를 도입하면 사람들의 일자리가 줄어드는 속도를 늦출 수 있다. 로봇이 개발되면서 사람들의 일자리는 큰 위협을 받고 있다. 20년 안에 현재 사람의 직업 가운데 절반이 사라질 것이라는 예측도 나왔다. 그러나 로봇세를 내게 되면, 로봇을 사용하든 사람에게 일을 맡기든 기업이 남기는 이윤에는 큰 차이가 나지 않는다. 굳이 사람 대신 로봇을 사용할 필요도 줄어드는 것이다.

또, 로봇세를 도입하면 일자리를 잃은 사람을 도울 수 있다. 로봇에 밀려 일자리를 잃은 사람들은 살길이 막막해진다. 다른 일자리를 찾으려면 새로운 일에 대한 교육도 받아야 한다. 이때 로봇세로 거두어들인 돈이 있다면, 정부는 일자리를 잃은 사람의 생활을 돕고, 그들에게 새로운 직업 교육도 시킬 수 있다.

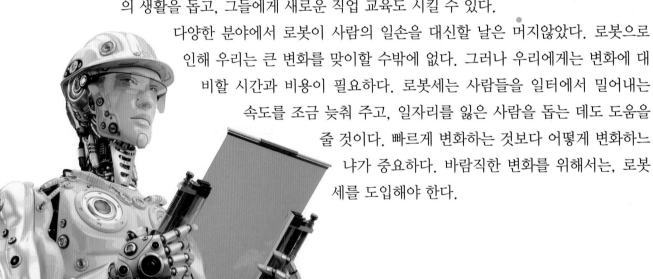

다양한 분야에서 로봇이 사람의 일손을 대신할 날은 머지않았다. 로봇으로 인해 우리는 큰 변화를 맞이할 수밖에 없다. 그러나 우리에게는 변화에 대비할 시간과 비용이 필요하다. 로봇세는 사람들을 일터에서 밀어내는 속도를 조금 늦춰 주고, 일자리를 잃은 사람을 돕는 데도 도움을 줄 것이다. 빠르게 변화하는 것보다 어떻게 변화하느냐가 중요하다. 바람직한 변화를 위해서는, 로봇세를 도입해야 한다.

낱말사전
- **찬반(贊 도울 찬, 反 돌이킬 반)** 찬성과 반대를 아울러 이르는 말.
- **도입하려는** 기술, 방법, 물자 따위를 끌어 들이려는.
- **머지않았다** 시간적으로 멀지 않았다.

1 이 글에서 가장 중요한 낱말을 고르세요. (   )

① 정부   ② 로봇세
③ 일자리   ④ 직업 교육
⑤ 시간과 비용

2 로봇세 도입을 반대하는 사람들이 주장하는 내용으로 알맞은 것에 ○표 하세요.

⑴ 로봇세를 내면 사람의 일자리가 줄어들 것이다.   (   )
⑵ 로봇세를 내면 로봇을 개발하는 속도가 느려질 것이다.   (   )

3 이 글에 나타난 글쓴이의 관점을 찾아 빈칸에 알맞은 말을 쓰세요.

글쓴이는 로봇세 도입에 ☐☐ 하는 입장이다.

4 글쓴이가 자신의 주장을 뒷받침하기 위해 제시한 근거로 옳지 <u>않은</u> 것은 무엇인가요? (   )

① 로봇세로 사람들에게 직업 교육을 할 수 있다.
② 로봇세로 일자리를 잃은 사람의 생활을 도울 수 있다.
③ 로봇세를 도입한 나라에 있는 기업이 다른 나라로 옮겨 갈 수 있다.
④ 로봇세를 도입하면 사람들의 일자리가 줄어드는 속도를 늦출 수 있다.

□을 소중히 여기고 아끼자 [과학]

가 ㉠우리는 주변에서 물을 쉽게 볼 수 있다. 굳이 바다나 강, 호수를 찾아가지 않아도 집에서 수도꼭지만 틀면 물이 콸콸 쏟아진다. 이 때문에 사람들은 ㉡물을 아주 흔한 물질이라 여기고 허투루 쓰는 경우가 많다. 과연 그래도 될까?

나 ㉢지구 표면의 약 $\frac{3}{4}$은 물로 덮여 있다. 그러나 이 물의 97.5퍼센트 정도는 염분이 포함된 바닷물이므로 사람이 사용할 수 없다. 그렇다고 바닷물을 뺀 나머지를 모두 쓸 수 있는 것도 아니다. 사람이 사용할 수 있는 물은 2.5퍼센트에 해당하는 민물인데, 민물에는 극지방의 빙하 등이 포함되어 있기 때문이다. 이렇게 인간이 쓸 수 있는 물을 따져 보면, 그 양은 아주 적다. 게다가 사람들이 환경을 오염시키고, 그로 인해 물도 오염되면서 사람이 쓸 수 있는 물의 양은 더욱 줄어들고 있는 상황이다. 따라서 ㉣우리는 물을 소중하게 여기고 아껴야 한다.

다 물을 아끼는 방법은 거창하지 않다. 생활하면서 누구나 물 절약을 실천할 수 있다. 채소 같은 식재료를 씻거나 설거지를 할 때는 물을 받아서 하는 것이 좋다. 빨래를 할 때 세제를 적당한 양만 넣고, 빨랫감을 모아 두었다가 한꺼번에 세탁하는 것도 물을 아끼는 방법이다. 샤워 도중에 비누칠을 할 때는 물을 잠그고, ㉤변기 물탱크에 벽돌을 넣어 두는 것으로도 물을 절약할 수 있다.

라 우리는 물 없이는 살아갈 수 없다. 하루만 물을 마시지 못해도 심한 갈증을 느끼며 며칠이 지나면 생명까지 위태로워진다. 또한 농작물을 재배하거나 공장에서 제품을 만들 때에도 물이 필요하다. 더욱이 물은 인간뿐 아니라, 모든 생명체에게 필요하며 다른 어떤 것으로도 대체할 수 없다. 물의 소중함을 알고, 물을 아껴 쓰도록 노력하자.

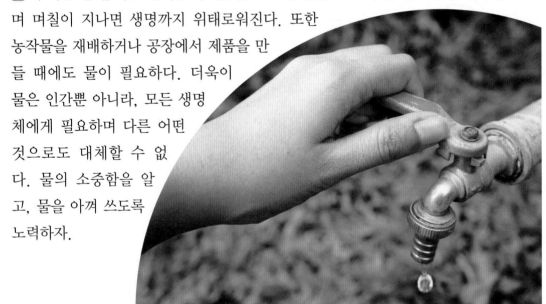

낱말사전
- **허투루** 아무렇게나 되는대로.
- **염분** 소금 성분.
- **극지방** 남극과 북극을 중심으로 한 그 주변 지역. 경계선은 일반적으로 교목 한계로 정하며, 북반구에서는 가장 더운 달의 평균 기온이 10℃인 등온선과 대략 일치함.

1 이 글의 제목의 빈칸에 들어갈 알맞은 낱말은 무엇인가요? (   )

① 땅   ② 물

③ 돈   ④ 강

2 ㉠~㉤ 중 이 글의 문제 상황이 나타나 있는 부분은 어디인가요? (   )

① ㉠   ② ㉡   ③ ㉢

④ ㉣   ⑤ ㉤

3 이 글을 통해 글쓴이가 말하고자 하는 내용은 무엇인가요? (   )

① 바닷물도 민물로 만들 수 있다.

② 물의 소중함을 알고 아껴 쓰자.

③ 물은 어디를 가든 흔히 볼 수 있다.

④ 물을 대체할 수 있는 물질을 개발하자.

⑤ 민물에는 극지방의 빙하 등이 포함되어 있다.

4 이 글의 짜임에 대해 바르게 말하지 <u>못한</u> 친구는 누구인지 쓰세요.

가 에는 이 글의 문제 상황이 나와 있어. 수아

나 에는 문제를 해결하는 방법이 구체적으로 드러나 있어. 진호

라 는 이 글의 결론이야. 슬기

(   )

공정 무역을 늘려야 한다

오늘날 세계 여러 나라는 활발하게 무역을 벌이고 있다. 나라마다 자연환경이 다르고, 보유하고 있는 자원이나 기술에도 차이가 있다. 따라서 부족한 것을 수입하고, 넉넉한 것을 수출하는 무역은 여러모로 나라에 이익을 준다.

그러나 무역이 모든 나라에 이익이 되는 것은 아니다. 무역이 활발해질수록 부자 나라인 경제 선진국은 더욱 부유해지고, 가난한 나라인 개발 도상국은 자꾸만 가난해지고 있다. 왜냐하면 무역이 공정하게 이루어지지 않기 때문이다. 경제 선진국의 대기업은 이익을 늘리기 위해 개발 도상국에서 원료를 싼값에 사들인다. 가난한 나라의 노동자에게 터무니없이 적은 품삯을 주는 경우도 많다. 가난한 나라의 사람들은 그 적은 돈마저도 없다면 먹고 살기가 힘들다. 그래서 힘들게 기른 농산물을 헐값에 넘기거나 임금이 비교적 싼 어린아이들에게 힘든 일을 시키기도 하는 것이다.

이런 문제를 해결하기 위해서는 '공정 무역'을 확대해야 한다. 공정 무역이란 말 그대로 무역을 공평하고 올바르게 하는 것이다. 공정 무역 단체들은 가난한 나라의 사람들이 생산한 농작물을 정당한 값에 사들인다. 형편이 어려운 사람들에게 생산할 물건 값을 미리 치르기도 한다. 한편 가난한 나라의 사람들은 어린아이들에게 힘든 일을 시키지 않고, 환경과 소비자를 위한 질 좋은 물건을 생산하기로 약속한다.

따라서 공정 무역이 확대되면 ㉠가난한 나라의 생산자들은 제값에 물건을 팔고, ㉡일한 대가를 제대로 받을 수 있다. ㉢어린아이들도 농장이나 공장에서 힘든 일에 시달리지 않고 학교에 다닐 수 있다. ㉣부자 나라의 대기업은 이익을 남길 수 없게 되고, ㉤개발 도상국은 앞선 기술을 배우고 필요한 기계를 들여오는 등 미래를 위한 투자도 가능해진다. 몇몇 대기업만 이익을 얻을 게 아니라, 많은 사람이 무역으로 이익을 얻을 수 있도록 공정 무역을 확대하자.

- **무역**(貿 무역할 무, 易 바꿀 역) 나라와 나라 사이에 서로 물건을 사고팔거나 교환하는 일.
- **수출하는** 국내의 상품이나 기술을 외국으로 팔아 내보내는.
- **공정**(公 공평할 공, 正 바를 정)**하게** 공평하고 올바르게.
- **헐값** 그 물건의 원래 가격보다 훨씬 싼 값.
- **임금** 근로자가 노동의 대가로 사용자에게 받는 보수.

1

다음은 무엇의 뜻을 말한 것인지 빈칸에 알맞은 말을 쓰세요.

> 무역을 공평하고 올바르게 하는 것이다.

[ ] [ ] [ ] [ ]

2

공정하지 못한 무역으로 인해 벌어지는 문제가 <u>아닌</u> 것은 무엇인가요?

(   )

① 부자 나라는 더욱 부유해진다.
② 개발 도상국은 자꾸만 가난해진다.
③ 어린아이들에게 힘든 일을 시키기도 한다.
④ 개발 도상국의 농작물이 비싼 값에 팔린다.
⑤ 가난한 나라의 노동자가 품삯을 제대로 받지 못한다.

3

이 글의 내용으로 보아 글쓴이의 주장은 무엇인가요? (   )

① 공정 무역을 확대해야 한다.
② 무역은 모든 나라에 이익을 준다.
③ 나라마다 자원과 기술에 차이가 있다.
④ 세계 여러 나라가 활발하게 무역을 벌인다.

4

㉠~㉤ 중 주장을 뒷받침하는 근거로 적절하지 <u>않은</u> 것은 무엇인가요?

(   )

① ㉠   ② ㉡   ③ ㉢
④ ㉣   ⑤ ㉤

자존감을 높이자

㉠자존감이란 '자아 존중감'의 줄임 말입니다. 스스로를 귀하게 여기고 아끼는 마음을 뜻하지요. 하지만 스스로를 귀하게 여긴다고 해서 다른 사람보다 내가 더 잘났다고 생각하거나, 자신의 능력을 과대평가하는 것은 절대 아닙니다. 자신의 부족한 점을 잘 알고 있지만, 그럼에도 불구하고 나를 사랑하는 마음이 자존감이기 때문입니다.

㉡자존감의 정도는 사람마다 다릅니다. 어떤 사람은 자존감이 높지만, 어떤 사람은 자존감이 낮지요. 살면서 자존감을 높이는 것은 매우 중요합니다.

㉢자존감이 높으면 삶에 만족하고 행복을 느낍니다. 자존감이 낮은 사람은 자신을 끊임없이 남과 비교합니다. 내가 남보다 뒤처지거나 일을 잘하지 못하면 남을 부러워하고, '왜 나는 이것밖에 못하지?'라고 스스로를 깎아내리지요. 하지만 자존감이 높은 사람은 자신을 남과 비교하지 않거니와, 설령 비교하더라도 자신이 못났다고 생각하지 않습니다. 스스로를 가치 있고 소중한 사람이라고 여기기 때문입니다. 그래서 자존감이 높은 사람은 행복을 느끼며 살 수 있습니다.

㉣자존감이 높으면 다른 사람들의 말에 쉽게 흔들리지 않습니다. 살다 보면 다른 사람들로부터 칭찬이나 좋은 말을 들을 때도 있지만, 근거 없는 비난을 들을 때도 있습니다. 이럴 때 보통 사람들은 주눅이 들고 괴로워합니다. 그러나 자존감이 높은 사람은 다릅니다. 내 자신이 소중하고 가치 있는 사람이라는 것을 잘 알기 때문입니다.

우리는 가족이나 이웃, 친구를 존중하고 사랑하라는 말을 많이 듣습니다. 그러나 그것 못지않게 자신을 사랑하는 일도 중요합니다. 우리는 저마다 세상에서 유일하고, 소중하며 귀한 존재입니다. ㉤자신이 귀한 사람이라는 것을 잊지 말고, 자존감을 높여 나가도록 합시다.

- **과대평가** 실제보다 지나치게 높게 평가함. 또는 그런 평가.
- **주눅** 기운을 제대로 펴지 못하고 움츠러드는 태도나 성질.

1 이 글에서 글쓴이가 강조한 것은 무엇인가요? (   )

① 자존감   ② 자만심
③ 자신감   ④ 자부심

적용편

2 자존감이 높은 사람은 어떤 특징이 있는지 빈칸에 알맞은 말을 쓰세요.

(1) 삶에 만족하고 ☐☐ 을 느낀다.

(2) 다른 사람들의 말에 쉽게 ☐☐☐☐ 않는다.

3 ㉠~㉢에 대한 설명으로 옳지 <u>않은</u> 것은 무엇인가요? (   )

① ㉠은 '자존감'에 대한 정의이다.
② ㉡은 글쓴이의 주장이다.
③ ㉢은 주장을 뒷받침하는 근거이다.
④ ㉣은 주장을 뒷받침하는 근거이다.
⑤ ㉤은 글쓴이의 주장이다.

4 글쓴이의 말에 따르면 '자존감이 높은 사람'은 다음 상황에서 어떤 생각을 했을까요? (   )

> 체육 시간에 100미터 달리기를 했는데 5명 중 내가 꼴등을 했다.

① 일 등을 한 아이는 진짜 좋겠다!
② 난 달리기도 못하고 왜 이렇게 못났지?
③ 달리기를 못하는 애들하고 뛰었어야 했는데 아쉽군.
④ 달리기에서 꼴등을 했다고 해서 내가 못난 아이인 건 아니야.

[예술]

노랫말도 문학의 일부일까?

해마다 12월이면 노벨상 시상식이 열린다. 노벨상은 인류의 복지에 공헌한 사람이나 단체에 주는 상으로, 평화, 화학, 문학, 생리학 또는 의학, 경제학 등의 분야로 나뉘어 있다. 그런데 지난 2016년, 누구도 예상치 못한 일이 벌어졌다. 미국의 대중 가수 밥 딜런이 노벨 문학상의 수상자로 선정된 것이다. 노벨상 위원회는 "미국 음악의 전통 안에서 새로운 시적 표현을 창조해 냈다."며 밥 딜런을 수상자로 뽑은 이유를 밝혔다.

그러나 사람들은 지나치게 파격적인 선정이라며 술렁였다. 노랫말이 왜 문학에 속하는지 알 수 없다는 사람도 많았다. 과연 노랫말을 문학의 일부로 보아도 되는 것일까?

요즘 사람들은 문학 작품을 글로 만난다. 책에서 시와 소설, 동화 등을 읽는 것이다. 하지만 역사를 돌이켜 보면, 문학 작품을 글로만 만나게 된 기간은 그리 길지 않다. ㉠고대 그리스 사람들은 시를 눈으로 읽은 것이 아니라, 귀로 들으며 즐겼다. 시를 읊을 때면 리라와 피리 같은 악기도 함께 연주했다. ㉡중세 유럽의 음유 시인들 역시 하프나 작은 북을 연주하며 시를 읊었다. 옛날에는 시가 곧 노랫말이었던 것이다.

㉢우리나라의 「심청전」, 「춘향전」, 「토끼전」 등도 전통 음악인 판소리에서 비롯된 문학 작품이다. 우리는 아버지의 눈을 뜨게 하려고 인당수에 빠진 심청이, 용왕의 병을 낫게 하려고 토끼의 간을 구하러 떠난 자라의 이야기를 글로 읽지만, ㉣우리 조상들은 곡조가 섞여 있는 판소리를 통해서 이야기를 들었다.

㉠사전적 정의에 따르면, 문학은 "생각과 감정을 언어로 표현한 예술."이라고 한다. 곡조가 붙어 있어도 노랫말 역시 언어이므로 문학이 될 수 있는 것이다. 더욱이 ㉤우리나라의 문학 작품도 최근 세계적으로 큰 인기를 끌고 있다.

이 같은 점에 비추어 본다면, 노랫말은 분명 문학의 일부이다. 노벨상 위원회가 노랫말을 문학에 포함시킨 것은 전통에서 벗어난 파격이 아니라, 문학의 전통적 의미를 되살린 것으로 볼 수 있다.

▲ 노벨 문학상 메달의 앞면

- **선정된** 여럿 가운데서 어떤 것을 뽑아 정한.
- **파격적인** 일정한 격식을 깨뜨리는.
- **리라** 고대 그리스의 작은 현악기. 하프와 비슷함.
- **곡조** 음악적 통일을 이루는 음의 연속.

1 2016년 노벨 문학상에 대한 설명으로 알맞은 것에 ○표 하세요.

(1) 아무도 수상하지 못했다. ( )

(2) 미국의 대중 가수가 수상했다. ( )

(3) 세계적으로 명성을 떨친 유명 작가가 받았다. ( )

2 다음 주제에 대한 글쓴이의 생각을 고르세요. ( )

> 노랫말을 문학의 일부로 보아도 되는 것일까?

① 노랫말은 문학의 일부이다.
② 노랫말이 왜 문학에 속하는지 알 수 없다.
③ 노랫말을 문학에 포함시킨 것은 전통에서 벗어난다.
④ 노랫말을 문학에 포함시킨 것은 지나치게 파격적이다.

3 ㉮에서 글쓴이는 어떤 방법으로 근거를 제시했나요? ( )

① 노랫말의 구체적인 예를 들었다.
② 문학의 사전적 정의를 인용했다.
③ 노랫말과 관련된 격언을 제시했다.
④ 노랫말에 대해 쉽게 풀어서 설명했다.
⑤ 문학에 대한 여러 사람들의 의견을 나열했다.

4 ㉠~㉤ 중 글쓴이의 주장을 뒷받침하는 근거로 알맞지 <u>않은</u> 것을 고르세요. ( )

① ㉠   ② ㉡   ③ ㉢
④ ㉣   ⑤ ㉤

15

[사회]

교통안전 수칙을 잘 지키자

㉠어린이 교통사고 소식이 끊이지 않습니다. 어린이 교통사고는 한 해에 약 12,000건이나 일어납니다. 교통사고로 인해 목숨을 잃는 어린이도 있습니다. '도로 교통 공단'의 발표에 따르면, 보행 중 교통사고를 당해서 사망한 어린이가 교통사고 사망자 중 큰 비중을 차지한다고 합니다.

교통사고로 인해 친구들이 다치거나 소중한 목숨을 잃는 일은 절대로 일어나서는 안 됩니다. 어린이 교통사고를 예방하려면 어른들의 노력도 필요하지만, 우리 스스로가 교통안전 수칙을 지키는 것이 무엇보다 중요합니다.

㉡길을 건널 때는 횡단보도를 이용하고, 좌우를 잘 살피며 보통 걸음으로 건너야 합니다. 신호가 초록불로 바뀌었다고 빠르게 달려가거나 휴대 전화를 들여다보면서 건너서는 안 됩니다. 신호를 어기거나 미처 멈춰 서지 못하는 차들이 있을지도 모르기 때문입니다.

㉢버스를 기다리거나 자동차에서 내릴 때도 조심해야 합니다. 버스를 기다릴 때는 차도로 내려서지 말아야 합니다. 자동차에서 내리기 전에는 뒤에서 오토바이가 달려오지 않는지 확인하고 문을 열어야 합니다.

㉣차들이 멈춰 서 있는 주차장, 차들이 오가는 길에서는 절대 공놀이를 하면 안 됩니다. 주차되어 있던 차들이 언제 움직일지 모르고, 굴러가는 공을 쫓아가다가 달려오는 차를 보지 못할 수도 있습니다.

사실 친구들은 이런 교통안전 수칙을 잘 알고 있지만 실제로 생활할 때는 종종 어기기도 합니다. 그러나 교통사고는 '아차!' 하는 순간에 일어납니다. 끔찍한 교통사고로부터 스스로를 지키기 위해 교통안전 수칙을 잘 지킵시다.

▲ 교통사고

사전
- **보행(步 걸을 보, 行 다닐 행)** 걸어다님.
- **비중(比 견줄 비, 重 무거울 중)** 다른 것과 비교할 때 차지하는 중요도.
- **수칙(守 지킬 수, 則 법칙 칙)** 행동이나 절차에 관하여 지켜야 할 사항을 정한 규칙.

1 이 글에 나타난 글쓴이의 생각으로 옳지 <u>않은</u> 것은 무엇인가요? (   )

① 교통사고는 '아차!' 하는 순간에 일어난다.

② 교통사고로 인해 사람이 다치거나 목숨을 잃어서는 안 된다.

③ 어린이들이 교통안전 수칙을 전혀 모르기 때문에 사고가 일어난다.

④ 어린이 교통사고 예방을 위해서는 어린이 스스로의 노력이 중요하다.

적용편

2 어린이 교통사고를 예방하기 위해 글쓴이가 꼭 지켜야 한다고 주장한 것은 무엇인지 빈칸에 알맞은 말을 쓰세요.

☐☐☐☐☐☐

3 ㉠~㉣을 문제 상황과 해결 방안으로 바르게 나눈 것을 고르세요.

(   )

문제 상황	해결 방안
① ㉠	㉡, ㉢, ㉣
② ㉡	㉠, ㉢, ㉣
③ ㉢	㉠, ㉡, ㉣
④ ㉣	㉠, ㉡, ㉢

4 다음과 같은 상황에서 글쓴이는 친구에게 어떤 말을 했을까요? (   )

> 글쓴이가 횡단보도 앞에 서 있는데, 친구가 자전거를 타고 횡단보도를 건너려고 하였다.

① 신호가 바뀌자마자 재빨리 건너야 해.

② 자전거에서 내려서 좌우를 잘 살피며 건너야 해.

③ 사람들이 알아서 피할 테니 페달을 빨리 밟아도 돼.

④ 자전거를 타고 있는 상태로 빠르게 건너는 것이 좋아.

⑤ 자전거를 타고 횡단보도를 건널 때는 좌우를 살피지 않아도 돼.

16

적용

[과학]

외래 동식물에 주의를 기울이자

'외래 동식물'이란 다른 나라에서 들어온 동물이나 식물을 말한다. 교통이 발달하고 나라 간에 사람과 물건이 오가는 일이 많아지면서 외래 동식물이 들어오는 일도 늘어나고 있다. 그러나 외래 동식물이 들어오는 것을 가볍게 보아 넘겨서는 안 된다. 외래 동식물이 여러 가지 문제를 일으키기 때문이다.

㉠외래 동식물이 들어오면, 그 나라에 본래부터 살던 토종 동식물이 위협을 받게 된다. 외래 동물의 경우, 토종 동물을 마구 잡아먹을 수 있다. 천적이 없는 외래 동물은 수가 빠르게 늘어나 더욱 토종 동물을 위협한다. 결국, 토종 동물은 수가 점점 줄어들고 멸종에 이를 수도 있다. 외래 동식물로 인해 생태계가 파괴될 수도 있는 것이다.

㉡외래 동식물은 토종 동식물뿐 아니라 인간에게도 피해를 준다. 농작물에 막대한 피해를 주는 외래 곤충, 토종 물고기를 잡아먹는 외래 물고기가 들어온다면 농업과 어업에도 악영향을 미친다. 독성을 지닌 외래 동식물이 들어온다면 토종 동식물뿐 아니라 사람의 안전도 보장할 수 없다.

우리나라도 외래 동식물로 인해 큰 어려움을 겪고 있다. '큰입배스'와 '블루길' 같은 외래 물고기가 들어와 토종 물고기와 물고기 알을 닥치는 대로 먹어 치우고 있다. 외래 식물인 '가시박'은 토종 식물을 말라 죽게 한다. 가시박은 덩굴손으로 주변의 다른 식물을 감고 올라가면서 자라는데, 이 과정에서 다른 식물이 햇빛을 받지 못하게 막기 때문이다. 여기에 외래 동물인 '뉴트리아'가 농작물을 갉아 먹어서 농민들이 피해를 입기도 한다.

▲ 뉴트리아

이처럼 외래 동식물은 여러 면으로 해를 끼칠 수 있다. 외래 동식물이 환경에 적응해 퍼져 나가기 시작하면 없애기도 힘들다. 따라서 ㉢외래 동식물이 함부로 들어오는 일이 없도록 정부는 감시를 철저히 하고, 우리도 주의를 기울여야 한다.

낱말사전

- **토종(土 흙 토, 種 씨 종)** 본디부터 그곳에서 나는 종자.
- **위협(威 위엄 위, 脅 위협할 협)** 힘으로 으르고 협박함.
- **천적** 잡아먹는 동물을 잡아먹히는 동물에 상대하여 이르는 말.
- **멸종(滅 꺼질 멸, 種 씨 종)** 생물의 한 종류가 아주 없어짐.

1

글쓴이는 '외래 동식물'에 대해 어떻게 생각하고 있나요? (   )

① 외래 동식물을 더 많이 들여와야 한다.

② 외래 동식물도 토종 동식물처럼 보호해야 한다.

③ 외래 동식물이 들어오는 것을 가볍게 보아 넘겨서는 안 된다.

④ 외래 동식물이 환경에 빨리 적응할 수 있도록 도와주어야 한다.

2

외래 동식물이 들어와 생기는 문제점을 생각하며 빈칸에 들어갈 알맞은 말을 쓰세요.

- ☐☐☐가 파괴될 수 있다.
- 토종 동식물뿐만 아니라 ☐☐에게도 피해를 준다.

3

글쓴이가 우리나라에 들어와 피해를 입히고 있는 외래 동식물의 예로 제시한 동식물이 <u>아닌</u> 것은 무엇인가요? (   )

① 가시박   ② 가물치

③ 블루길   ④ 큰입배스

⑤ 뉴트리아

4

이 글에 대한 설명으로 옳지 <u>않은</u> 것은 무엇인가요? (   )

① ㉠은 이 글의 근거에 해당한다.

② ㉡은 이 글의 근거에 해당한다.

③ ㉢은 이 글의 근거에 해당한다.

④ 1문단에는 외래 동식물에 대한 글쓴이의 관점이 드러나 있다.

⑤ 4문단에는 외래 동식물로 피해를 본 우리나라의 사례가 제시되어 있다.

17

적용

[사회]

□□□를 막아야 한다

지구 곳곳에서 '사막화'가 빠르게 진행되고 있다. ㉠사막화란 땅이 사막처럼 메마르고 황폐해져서 사람이 살 수 없는 곳으로 변해 가는 현상을 말한다. 사막화가 일어나는 이유는 무척 다양하다. 지구의 기후가 변하면서 극심한 가뭄이 계속되어 사막이 넓어지기도 하고, 사람들이 기르는 많은 수의 가축이 풀을 먹어 치워서 땅을 황폐하게 만들기도 한다. 또한 ㉡사람들이 농사지을 땅을 넓히기 위해 나무를 베어 내고 숲을 파괴하는 것도 사막화에 큰 영향을 미친다. '사막화 방지 회의'에서 발표한 자료에 따르면, 사하라 사막 주변의 땅이 연평균 10킬로미터의 속도로 사막으로 변하고 있다고 한다. 또한 전 세계적으로 해마다 600만 헥타르의 땅이 사막화되는데, 이는 남한 면적의 60퍼센트에 해당한다.

사막화가 빠르게 진행되면서 그로 인한 피해도 크게 늘고 있다. 사막화 때문에 황사 현상이 점점 심해진다. 중국이나 몽골의 사막에 있는 모래가 바람을 타고 날아가 공기를 탁하게 만들고 사람들의 건강을 위협한다. 초원이 사막으로 변한 탓에 그곳에 살던 동물들이 떼죽음을 당하기도 한다. 사막화로 인해 삶의 터전을 잃고, 고향을 떠나게 된 사람들의 수도 헤아릴 수 없을 만큼 많다.

따라서 우리는 사막화를 막기 위해 노력을 기울여야 한다. 사막화를 막으려면 먼저 ㉢사막 주위의 초원을 보호해야 한다. 이곳을 농사지을 땅으로 만들거나, 초원에서 많은 수의 가축을 기르지 않도록 하는 것이다. 그리고 ㉣나무를 심어 숲을 만들어야 한다. 숲은 사막에서 불어오는 모래바람을 막아 주어 사막이 더 이상 넓어지지 못하도록 해 준다.

㉤사막화가 되는 경우 가운데에서 자연적인 원인은 13퍼센트 정도이고, 나머지 87퍼센트는 인위적인 영향 때문이라고 한다. 무분별한 개발을 멈추고 숲을 만들어 사막화가 진행되는 것을 막자.

낱말사전
● **황폐해져서** 집, 토지, 삼림 따위가 거칠어져 못 쓰게 되어서.
● **방지(防 막을 방, 止 그칠 지)** 어떤 일이나 현상이 일어나지 못하게 막음.
● **인위적인** 자연의 힘이 아니라 사람의 힘으로 이루어진.

1 이 글의 제목의 빈칸에 들어갈 알맞은 말을 쓰세요.

• [ ][ ][ ]를 막아야 한다

2 이 글에 나타난 문제 상황을 바르게 말하지 <u>못한</u> 것은 무엇인가요?

( )

① 사막화 때문에 황사 현상이 점점 심해진다.

② 사막화로 인해 삶의 터전을 잃은 사람들이 많다.

③ 사막화 때문에 동물들이 떼죽음을 당하기도 한다.

④ 사막화로 인해 원래 살던 고향으로 돌아가게 된 사람들이 많다.

⑤ 사막화 때문에 공기가 탁해지고, 사람들의 건강이 위협받는다.

3 사막화가 일어나는 이유로 알맞은 것에 ○표 하세요.

⑴ 극심한 가뭄이 계속된다. ( )

⑵ 황사 현상으로 공기가 탁해진다. ( )

⑶ 나무를 베어 내고 숲을 파괴한다. ( )

4 ㉠~㉤ 중 글쓴이가 제시한 해결 방안끼리 짝지어진 것은 무엇인가요?

( )

① ㉠, ㉡

② ㉠, ㉡, ㉢

③ ㉢, ㉣

④ ㉢, ㉣, ㉤

적용 18 에너지 소비를 줄여야 한다

[기술]

　지금껏 인류는 석탄, 석유, 물, 산림 등의 자원을 이용해서 에너지를 만들어 왔습니다. ㉠에너지란 물체를 움직이거나 일을 하는 힘을 말합니다. 우리는 에너지를 이용해서 불을 환하게 켜고, 냉장고와 난로, 자동차 같은 다양한 기계를 씁니다. 공장에서 물건을 만들기도 하지요. 하지만 이로 인해 지구의 자원이 빠르게 줄어드는 문제가 벌어졌습니다.

　그래서 사람들은 기술을 더욱 발전시켰습니다. 적은 자원으로 많은 에너지를 내는 효율적인 기계를 개발한 것입니다. 그렇다면 지구의 자원을 사용하는 양도 크게 줄었을까요? 안타깝게도 그렇지 않습니다. ㉡기술이 발달했는데도 지구의 자원은 여전히 빠른 속도로 줄어들고 있습니다. 사람들이 전보다 훨씬 많은 기계를 사용하기 때문입니다.

　㉮영국의 경제학자 윌리엄 스탠리 제번스는 "자원의 효율성을 높이는 기술의 발달이 도리어 자원의 소비를 증가시킨다."라고 했습니다. 성능 좋은 기계가 개발되면 기계를 이용하는 사람들이 늘기 때문에 결국 더 많은 자원이 소비된다는 것입니다.

　각종 기계의 에너지 효율성은 예전보다 훨씬 높아졌습니다. 그 예로, 기름이 적게 드는 자동차, 전기가 조금 드는 냉장고와 난로 등이 개발되었지요. 그러나 ㉢50년 전에 약 10만 대에 불과했던 우리나라의 자동차 수는 지금 2,200만 대로 늘어났습니다. ㉣냉장고는 수뿐만 아니라 종류까지 늘었습니다. 김치 냉장고를 비롯해 와인 냉장고, 화장품 냉장고까지 등장한 것입니다. 사람들은 이제 전기난로 이외에도 전기장판, 전기방석, 전기 자동차, 전기 실내화까지 사용하고 있습니다.

　이처럼 기술의 발달만으로는 에너지 소비량을 줄이고, 자원의 고갈을 막을 수 없습니다. 기술의 개발보다 중요한 것은 사람들이 에너지를 아끼는 일입니다. ㉤지구 자원을 보호하려면 우리 모두가 에너지 사용을 줄여야 합니다.

낱말사전
● **효율적인** 들인 노력에 비해 얻은 결과가 큰.
● **도리어** 예상이나 기대 또는 일반적인 생각과는 반대되거나 다르게.
● **고갈** 어떤 일의 바탕이 되는 돈이나 물자, 소재, 인력 따위가 다하여 없어짐.

1 다음은 우리가 무엇을 이용하는 모습인지 이 글에서 찾아 쓰세요.

> • 공장에서 물건을 만든다.
> • 어두운 곳에 불을 환하게 켠다.
> • 냉장고와 난로, 자동차 같은 다양한 기계를 쓴다.

를 이용하는 모습

2 ㉠～㉤ 중 글쓴이의 주장에 해당하는 것을 고르세요. (   )

① ㉠   ② ㉡   ③ ㉢
④ ㉣   ⑤ ㉤

3 ㉮ 에서 글쓴이는 어떤 방법으로 근거를 들었나요? (   )

① 다른 사람의 말을 인용했다.
② 다양한 예시를 근거로 제시했다.
③ 내용을 대조해 근거를 제시했다.
④ 유명한 속담을 근거로 제시했다.
⑤ 자세히 설명하여 근거를 제시했다.

4 글쓴이의 주장을 뒷받침하는 근거로 바르지 <u>않은</u> 것은 무엇인가요?

(   )

① 냉장고는 수뿐만 아니라 종류도 늘었다.
② 사람들이 사용하는 자동차 수가 크게 늘었다.
③ 기술이 발달해서 자원을 소비하지 않아도 된다.
④ 기계를 사용하는 사람들이 늘면 에너지 소비량이 늘어난다.

적용 19

[인문]

□□□□의 위험성을 알자

가 사람들은 흔히 '폭력'이라고 하면, 주먹을 휘둘러서 다른 사람의 신체에 상처를 입히는 것을 떠올립니다. 그러나 우리가 생각 없이 내뱉는 말도 폭력이 될 수 있습니다. 이를 일컬어 '언어폭력'이라고 합니다. 욕설이나 상대를 비하하는 말, 협박하는 말, 상대의 약점을 잡아서 놀리는 말 등이 모두 언어폭력에 해당합니다. ㉠사람들은 대부분 언어폭력을 대수롭지 않게 생각합니다. 그저 기분 나쁜 거친 말 정도로 생각하는 것입니다. 그러나 언어폭력은 우리가 생각하는 것보다 훨씬 심각한 문제를 불러옵니다.

나 ㉡언어폭력은 사람의 정신과 마음에 상처를 입힙니다. 예를 들면 '네가 잘하는 게 뭐가 있냐?', '넌 쓸모없어!'처럼 비하하는 말을 들으면 자신감을 잃게 됩니다. '나는 정말 잘하는 게 없나?', '나는 가치 없는 사람인가?' 하는 생각이 들기 때문입니다. '죽을래?', '너 가만 안 둬!' 같은 협박하는 말을 들으면 두려움을 느끼게 되지요. 이런 언어폭력을 계속 당하면, 엄청난 스트레스를 받고 우울한 마음이 듭니다. 때로는 목숨을 버리는 극단적인 선택을 하도록 만들기도 합니다.

다 ㉢언어폭력은 또 다른 폭력을 부릅니다. "가는 말이 고와야 오는 말이 곱다."라는 속담이 있습니다. 상대가 욕을 하면 듣는 사람은 마음에 상처를 입는 동시에 분노를 느낍니다. 앙갚음을 하고 싶은 마음에 마구 욕을 하게 되는 경우가 흔하지요. 결국 언어폭력은 점점 심해지고 몸싸움으로 번지기도 합니다.

라 언어폭력에는 상대를 놀리는 말도 포함됩니다. 장난으로 한 말이라도 듣는 사람이 불쾌하다고 느끼면 언어폭력이 되는 것입니다. 또한 얼굴을 맞대고 하는 말뿐 아니라, SNS나 인터넷에 쓰는 글도 언어폭력이 될 수 있습니다.

마 언어는 우리의 생각과 마음을 전하는 가장 유용한 수단입니다. 그러나 잘못하면 폭력이 되어 지울 수 없는 상처를 줄 수도 있습니다. ㉣말을 할 때에는 상대를 존중하는 마음을 잃지 말아야 할 것입니다.

죽을래?

넌 쓸모없어!

너 가만 안 둬!

낱말사전
- **비하**(卑 낮출 비, 下 아래 하)**하는** 업신여겨 낮추는.
- **극단적인** 길이나 일의 진행이 끝까지 미쳐 더 나아갈 데가 없는.
- **앙갚음** 남이 저에게 해를 준 대로 저도 그에게 해를 줌.
- **유용한** 쓸모가 있는.

적용편

1 이 글의 제목의 빈칸에 들어갈 알맞은 낱말을 쓰세요.

· ☐☐☐☐의 위험성을 알자

2 사람의 정신과 마음에 상처를 입히는 말의 예가 <u>아닌</u> 것은 무엇인가요?
( )

① 죽을래?   ② 넌 쓸모없어!
③ 너 가만 안 둬!   ④ 네가 잘하는 게 뭐가 있냐?
⑤ 너와 나는 사이좋은 친구야!

3 이 글에 나타나 있는 글쓴이의 생각으로 알맞지 <u>않은</u> 것은 무엇인가요?
( )

① 언어폭력은 심각한 문제를 불러온다.
② 장난으로 한 말은 언어폭력이 아니다.
③ 언어폭력은 또 다른 폭력을 불러온다.
④ 언어는 폭력이 되어 지울 수 없는 상처를 입힐 수 있다.
⑤ 말을 할 때에는 상대를 존중하는 마음을 잃지 말아야 한다.

4 ㉠~㉣에 대한 설명으로 바르지 <u>않은</u> 것을 고르세요. ( )

① ㉠은 글쓴이의 주장에 해당한다.
② ㉡는 주장에 대한 근거에 해당한다.
③ ㉢은 주장에 대한 근거에 해당한다.
④ ㉣은 글쓴이의 주장에 해당한다.

[과학]

갯벌의 가치를 알자

가 지구는 크게 바다와 육지로 나뉜다. ㉠바다와 육지의 중간에 자리 잡고 있으면서, 바닷물이 들어오면 잠겼다가 바닷물이 빠져나가면 모습을 드러내는 땅이 있다. 바로 '갯벌'이다. 그런데 사람들은 갯벌의 중요성에 대해 잘 모르는 경우가 많다. 갯벌을 식탁 위에 오르는 조개를 캐는 곳, 염전을 만들어 소금을 얻는 곳 정도로만 생각한다. 하지만 갯벌은 훨씬 다양한 가치를 지니고 있다.

나 ㉡갯벌은 수많은 생물의 보금자리 역할을 한다. 칠면초, 퉁퉁마디, 해홍나물 같은 식물은 물론 갯지렁이, 동죽, 게처럼 헤아릴 수 없이 많은 동물이 갯벌에서 살아간다. 또한 갯벌은 물고기들이 알을 낳고 철새들이 휴식을 취하며 먹이를 얻는 장소로 이용되기도 한다.

다 ㉢갯벌은 자연재해로부터 인간을 보호해 준다. 갯벌에 있는 흙과 모래는 많은 양의 물을 흡수할 수 있다. 그래서 홍수가 났을 때에 갑작스럽게 물이 넘치는 것을 막아 준다. 해일이나 태풍이 가까이 다가왔을 때도 육지가 받는 영향을 줄여 주어 큰 피해를 막는다.

라 ㉣갯벌은 바다가 오염되는 것을 막아 주는 역할도 한다. 오염 물질을 걸러 내는 정화 작용을 하기 때문이다. 만약 갯벌이 없다면 육지의 온갖 오염 물질이 그대로 바다로 흘러 들어가게 된다.

마 이처럼 갯벌은 인간과 자연 모두에게 중요한 역할을 한다. 그동안 사람들은 갯벌의 가치를 모르고, 땅을 넓힌다는 이유로 갯벌을 메우는 실수를 저질러 왔다. ㉤이제부터라도 갯벌의 가치를 알고 갯벌을 보호하는 데 힘을 기울이자.

△ 갯벌

낱말사전
● **보금자리** 지내기에 매우 포근하고 아늑한 곳을 비유적으로 이르는 말.
● **해일** 갑자기 바닷물이 크게 일어서 육지로 넘쳐 들어오는 것.
● **정화(淨 깨끗할 정, 化 될 화)** 불순하거나 더러운 것을 깨끗하게 함.

1

다음을 뜻하는 낱말을 이 글에서 찾아 쓰세요.

> 바다와 육지의 중간에 자리 잡고 있으면서, 바닷물이 들어오면 잠겼다가
> 바닷물이 빠져나가면 모습을 드러내는 땅.

☐ ☐

2

글쓴이는 '갯벌'에 대해 어떻게 생각하고 있나요? (   )

① 갯벌은 다양한 가치를 지니고 있다.

② 갯벌로 인해 자연재해가 늘어나고 있다.

③ 갯벌은 물고기와 철새에게만 중요한 곳이다.

④ 갯벌을 통해 얻을 수 있는 자원은 소금뿐이다.

⑤ 갯벌은 인간에게 쓸모가 없으므로 메워서 땅을 넓혀야 한다.

3

**'갯벌은 자연재해로부터 인간을 보호해 준다.'라는 근거를 뒷받침하기 위해
글쓴이가 예로 든 자연재해 세 가지를 쓰세요.**

(   )

4

이 글의 주장과 근거를 알맞게 나눈 것은 무엇인가요? (   )

	주장	근거
①	㉠	㉡, ㉢, ㉣
②	㉡	㉢, ㉣, ㉤
③	㉠	㉢, ㉣, ㉤
④	㉤	㉡, ㉢, ㉣
⑤	㉠	㉡, ㉣, ㉤

[사회]

노 키즈 존, 과연 바람직한가?

가 '노 키즈 존(No Kids Zone)'이란 어린아이와 어린아이를 동반한 고객의 출입을 금지하는 곳을 말합니다. 식당이나 카페 같은 곳에서 아이가 떠들거나 뛰어다녀서 사람들이 피해를 입다 보니, 아예 아이들이 들어오지 못하도록 한 것입니다. ㉠최근 들어 노 키즈 존을 선택하는 가게가 늘어나고 있습니다. 그러나 과연 노 키즈 존이 바람직한 것인지는 생각해 보아야 합니다.

나 노 키즈 존이 필요하다고 주장하는 사람들은 아이들이 소란을 떨기 때문에 조용히 여유를 즐기거나 식사를 편안하게 할 수 없다고 합니다. 하지만 ㉡모든 아이가 소란을 피우는 것은 아닙니다. 또 아이가 남에게 피해를 주지 않도록 주의를 주고 관리하는 부모도 있습니다. 잘못을 저지르는 일부 아이들과 부모 때문에 모든 아이가 가게를 이용할 수 없게 하는 것은 지나친 결정입니다.

다 노 키즈 존으로 인해 부모와 아이가 생활하는 데 제약을 받는 점도 생각해 봐야 합니다. ㉢노 키즈 존이 계속 늘어난다면, 부모와 아이는 함께 갈 수 있는 장소가 점점 줄어듭니다. 어린아이라는 이유로, 어린아이를 둔 부모라는 이유로 생활에 불편을 겪게 되는 것입니다.

라 ㉣자칫 어린아이에 대한 부정적인 생각이 자리 잡을 수도 있습니다. 여럿이 이용하는 시설에 입장을 금지시키다 보니, 은연중에 어린아이를 '피해를 주는 존재', '분리해야 하는 존재'로 바라보게 되는 것입니다.

마 어린아이도 이 사회의 구성원입니다. 다만, 사람들과 함께 살아가기 위해 사회성을 기르고 예절을 익히는 단계에 있지요. 이런 특성은 이해하지 않은 채 무조건 배척하는 것은 옳지 않습니다. 노 키즈 존을 만들어도 괜찮은지 다시 한번 생각해 보아야 합니다.

▲ 노 키즈 존 표지판

 낱말사전

● **제약** 조건을 붙여서 제한함. 또는 그 조건.
● **은연중에** 남이 모르는 가운데에.
● **배척(排 밀칠 배, 斥 물리칠 척)하는** 따돌리거나 거부하여 밀어내는.

적용편

1 이 글에서 가장 중요한 낱말은 무엇인지 쓰세요.

□ □ □ □

2 이 글을 서론, 본론, 결론으로 나눌 때, 가~마는 각각 어느 부분에 해당하는지 빈칸에 기호를 쓰세요.

서론	본론	결론

3 ㉠~㉣ 중에서 글쓴이의 주장에 대한 근거가 <u>아닌</u> 것은 무엇인가요?

( )

① ㉠　　　　　　　　② ㉡
③ ㉢　　　　　　　　④ ㉣

4 다음 중 글쓴이와 <u>다른</u> 관점을 가진 친구는 누구인가요? ( )

① 주연: 가게도 원하는 손님만을 받을 권리가 있다.
② 시후: 어린아이라는 이유로 차별받아서는 안 된다.
③ 찬이: 모든 어린아이가 사람들에게 피해를 주는 것은 아니다.
④ 정우: 아이들에게 공공장소에서 지켜야 할 예절을 가르치면 된다.
⑤ 예은: 어린아이를 둔 부모라는 이유로 생활에 불편을 겪어서는 안 된다.

[기술]

드론을 함부로 날리면 안 된다

가 '드론'에 대해서 알고 있나요? 드론은 전파로 조종하는 '무인 비행기'입니다. 드론에는 대부분 작은 카메라가 달려 있어서 촬영이 가능하지요. 드론은 원래 군사용으로 개발되어 적을 감시할 때 사용되었으나, 요즘은 방송 촬영 같은 다양한 분야에서 사용됩니다. 취미로 드론을 날리는 사람도 부쩍 늘었습니다.

나 우리나라에서는 정해진 장소에서, 일정한 규칙에 따라서만 드론을 날릴 수 있습니다. 이에 일부 사람들은 드론을 날릴 수 있는 곳이 너무 적다며 볼멘소리를 합니다. 누구나 자유롭게 드론을 날릴 수 있도록 규제를 풀어 달라는 요구도 있습니다. 그러나 저는 함부로 드론을 날릴 수 있게 해서는 안 된다고 생각합니다.

다 드론을 함부로 날리면 사생활을 침해할 수 있습니다. 드론은 단순히 무선으로 조종하는 비행기가 아닙니다. 작은 카메라로 원하는 곳을 얼마든지 촬영할 수 있는 기계입니다. 너도나도 자유롭게 드론을 날린다면, 우리는 알지도 못하고 원하지도 않았는데 드론에 촬영될 수 있습니다.

라 드론을 함부로 날리면 사람들이 다칠 위험도 있습니다. 드론에는 빠르게 돌아가는 프로펠러가 달려 있습니다. 프로펠러가 몸에 닿기라도 하면, 큰 상처를 입게 됩니다. 또한 드론은 누군가의 조종에 의해 움직입니다. 건물이나 나무가 있는 곳에서 드론을 날리다가 조종을 잘못하면, 드론은 장애물에 부딪혀 떨어지게 됩니다. 그렇게 되면 아래에 있던 사람들이 다칠 수도 있고, 차도로 떨어져 대형 교통사고로 이어질 수도 있습니다.

마 드론은 사람들이 쉽게 갈 수 없는 곳으로 날아가 촬영을 할 수 있는 매력적인 기계입니다. 그러나 사람들의 사생활을 침해하고 안전을 위협할 수 있는 만큼, 함부로 날리도록 허락해서는 안 됩니다. 드론을 날리는 사람들은 정해진 장소에서만 날려야 하고, 규제하는 지역에서 날려야 할 경우에는 반드시 허가를 받아야 합니다. 해가 진 뒤에 드론을 날리는 행위는 법으로 처벌을 받는다는 것도 명심해야 할 것입니다.

△ 드론

- **볼멘소리** 서운하거나 성이 나서 퉁명스럽게 하는 말투.
- **규제(規 법 규, 制 절제할 제)** 규칙이나 규정에 의하여 일정한 한도를 정하거나 정한 한도를 넘지 못하게 막음.
- **침해할** 침범하여 해를 끼칠.

1 이 글에서 주장의 대상은 무엇인가요? (   )

① 전파

② 드론

③ 촬영

④ 감시 카메라

2 드론은 원래 어떤 용도로 개발되어 사용되었는지 빈칸에 알맞은 낱말을 차례대로 쓰세요.

드론은 원래 [   ][   ]용으로 개발되어 [   ]을 감시할 때 사용되었다.

3 가~마에 대한 설명으로 옳지 <u>않은</u> 것은 무엇인가요? (   )

① 가에는 드론에 대한 설명이 나타나 있다.

② 나, 다는 이 글의 서론이다.

③ 다, 라는 이 글의 본론이다.

④ 마는 이 글의 결론이다.

4 글쓴이의 주장을 뒷받침하는 근거로 옳지 <u>않은</u> 것은 무엇인가요?

(   )

① 드론이 사생활을 침해할 수 있다.

② 드론 프로펠러가 몸에 닿으면 다칠 수 있다.

③ 드론을 날릴 수 있는 장소가 지나치게 적다.

④ 드론 아래에 있던 사람들이 다칠 위험이 있다.

⑤ 드론이 차도로 떨어져 대형 교통사고를 일으킬 수 있다.

23 적용 백제 의자왕은 타락한 왕인가? [인문]

가 백제 의자왕에 관해 물으면 사람들은 대부분 ㉠"의자왕이 나라를 제대로 돌보지 않아서 백제가 멸망했지.", "사치를 일삼은 타락한 왕이잖아.", "의자왕이 거느린 삼천 궁녀가 낙화암 아래로 몸을 던져 죽었다고 들었어."라고 대답합니다. 백제 의자왕은 과연 나라를 돌보지 않은 타락한 왕이었을까요?

나 우리나라의 오래된 역사책 『삼국사기』에 따르면, ㉡의자왕은 "용감하고 대담하며 결단력이 있었다."라고 합니다. 또한 "부모에게 효도하고 형제간에 우애가 있었으므로 태자였을 당시에 '해동 증자'로 불렸다."라는 기록도 있습니다. '해동'은 중국 바다의 동쪽 땅, 즉 한반도를 가리킵니다. '증자'는 효성이 지극하고 총명하기로 이름난 중국의 학

▲ 『삼국사기』

자이지요. 그러니까 의자왕은 태자 시절에 사람들에게 칭송을 받던 인물이었습니다.

다 의자왕은 641년에 왕위에 올랐는데, 왕이 되어서도 백제를 잘 다스렸습니다. 나라 곳곳을 돌아다니며 백성들의 살림살이를 살폈습니다. 죄수들을 조사해 큰 잘못을 저지른 사람을 제외하고는 많은 죄수를 너그러이 풀어 주기도 했습니다. 또 직접 군사를 거느리고 전쟁터에도 나갔습니다. ㉢신라의 40여 성을 빼앗으며 백제의 영토를 크게 넓혔지요.

라 그러자 위기를 느낀 신라는 고구려에 도움을 청합니다. 고구려가 거절하자, 이번에는 당나라를 찾아가지요. 그 뒤로 신라는 당나라와 손을 잡고 계속 백제를 위협합니다. 그러나 의자왕은 꿋꿋하게 맞섰습니다. 나라를 다스린 지 15년이 지난 655년에도 고구려와 함께 신라를 공격해 30여 개의 성을 빼앗았습니다. 『삼국사기』에서는 이즈음부터 의자왕이 사치스럽게 생활하며 향락에 빠졌다고 합니다. 궁궐을 화려하게 고쳐 짓고, 충성스러운 신하의 말을 무시했다는 것입니다. 그러던 ㉣660년, 마침내 신라와 당나라의 연합군이 백제로 쳐들어옵니다. 의자왕은 신라와 당나라의 군대를 막아 내지 못했습니다. 이로써 백제는 사라지고, 의자왕은 당나라로 끌려가 그곳에서 죽음을 맞습니다.

마 비록 『삼국사기』의 기록대로 의자왕이 사치스럽게 생활하며 향락에 빠졌다 하더라도, 왕위에 있던 내내 그런 것은 아닙니다. 또한 백제의 힘을 급격하게 떨어뜨렸다고 보기에도 무리가 있습니다. 당시 신라는 자신들의 힘만으로는 절대 백제를 무너뜨릴 수 없어서 당나라를 끌어들였으니까요. 더욱이 『삼국사기』는 훗날 신라에서 만든 역사책입니다. 신라는 백제와 사이가 무척 나빴고, 백제 때문에 큰 어려움을 겪었지요. 따라서 이런 신라의 시각에서 백제 의자왕의 행적을 기록했다는 점을 헤아려야 합니다.

바 의자왕이 삼천 명이나 되는 궁녀를 거느렸다거나, 궁녀들이 낙화암이라는 절벽 아래로 몸을 던졌다는 기록은 『삼국사기』에 나와 있지 않습니다. 백제가 멸망하고 천 년 가까이 지난 조선 중기에 문신 민제인이 지은 「백마강부」라는 시에 '구름처럼 많은 삼천 궁녀들'이라는 구절이 있다고 전해질 뿐입니다. 학자들 사이에서는 이를 문학적 표현으로 봐야 한다며 역사적 사실과는 다르다는 견해가 많습니다.

사 이처럼 의자왕에 대해 우리는 많은 부분을 잘못 알고 있습니다. 끝내 백제를 지 켜 내지 못했고 잘못한 점도 있지만, ⓜ의자왕을 그저 무능하고 타락한 왕으로만 여 겨서는 안 될 것입니다.

- **태자** 임금의 자리를 이을 임금의 아들.
- **칭송** 칭찬하여 일컬음. 또는 그런 말.
- **향락** 쾌락을 누림.
- **왕위(王 임금 왕, 位 자리 위)** 임금의 자리.
- **행적** 평생 동안 한 일이나 업적.
- **견해(見 볼 견, 解 풀 해)** 어떤 사물이나 현상에 대한 자기의 의견이나 생각.

1 이 글에서 주장의 대상은 무엇인가요? (　　　)

① 백제
② 의자왕
③ 삼국 시대
④ 『삼국사기』
⑤ 삼천 궁녀

2 의자왕은 태자였을 당시에 무엇으로 불리며 칭송을 받았었는지 쓰세요.

3 ㉠~㉢ 중 글쓴이의 주장에 해당하는 것을 고르세요. (　　　)

① ㉠
② ㉡
③ ㉢
④ ㉣
⑤ ㉤

4

가~사를 서론, 본론, 결론으로 바르게 나눈 것은 무엇인가요? (　　　)

	서론	본론	결론
①	가, 나	다, 라, 마, 바	사, 아
②	가	나, 다, 라	마, 바, 사, 아
③	가	나, 다, 라, 마, 바	사
④	가, 나	다, 라	마, 바, 사, 아

5

나에서 글쓴이는 어떤 방법으로 근거를 들었나요? (　　　)

① 의자왕의 말을 인용했다.

② 의자왕의 이름에 대해 자세히 설명했다.

③ 『삼국사기』에 쓰여 있는 글을 인용했다.

④ 중국에서 유명한 학자의 말을 인용했다.

⑤ 백제 시대 훌륭한 왕들의 이야기를 예로 들었다.

6

이 글에 나타난 근거로 바르지 **않은** 것은 무엇인가요? (　　　)

① 의자왕은 백제의 영토를 크게 넓혔다.

② 『삼국사기』는 훗날 고구려에서 만든 역사책이다.

③ 삼천 궁녀와 관련된 이야기를 역사적 사실이라고 볼 수 없다.

④ 의자왕은 나라 곳곳을 돌아다니며 백성들의 살림살이를 살폈다.

7

글쓴이와 관점이 비슷한 생각을 말한 친구는 누구인지 쓰세요.

의자왕은 사치와 향락을 일삼은 타락한 왕이야.
찬우

의자왕이 나라를 제대로 돌보았다면 백제는 멸망하지 않았을 거야.
민재

의자왕을 그저 무능하고 타락했던 왕이라고만 생각하는 것은 잘못된 거야.
준하

(　　　　　　　　　　　　　　　　　)

문화재를 보호하자

가 지난 2008년, 우리나라를 대표하는 문화재가 한순간에 잿더미로 변한 사건이 있었다. 그 문화재는 다름 아닌 국보 제1호인 숭례문이다. ⓐ숭례문은 조선 시대에 만들어진 성문으로, 남쪽에 자리 잡고 있어서 남대문으로도 불린다. 600여 년을 꿋꿋이 서 있던 이 숭례문에 방화 사건이 일어났고, 불길이 걷잡을 수 없이 번지면서 숭례문은 크게 훼손되고 말았다. 사람들은 허술한 문화재 관리와 문화재에 관한 의식 부족이 빚은 사건이라며 분노했다. 또한 문화재를 철저히 보호해야 한다고 한목소리로 이야기했다.

▲ 화재 후 복원된 숭례문의 모습

나 하지만 그 뒤로도 ⓛ문화재는 여전히 제대로 보호되지 않고 있다. 얼마 전에는 술 취한 사람들이 국보 제31호인 첨성대에 올라가 사진을 찍은 사건이 일어나기도 했다. 우리가 문화재 보호에 얼마나 소홀한지를 단적으로 보여 주는 부끄러운 일이 아닐 수 없다. 문화재는 역사적·문화적으로 소중한 가치를 지니고 있으며, 우리나라의 큰 자산이다. 한번 훼손된 문화재는 복원하기도 힘들고, 어렵게 복원했다 하더라도 본래와 똑같은 모습이 될 수는 없다. 또한 문화재를 지금처럼 소홀히 관리한다면, 숭례문과 같은 사고가 언제 또 발생할지 모른다. 우리는 문화재를 보호하기 위해 다양한 노력을 기울여야 한다.

다 첫째, 문화재를 순찰하고 감시하는 인력을 늘려야 한다. 그렇게 하면 화재가 발생하거나 누군가가 문화재를 훼손하려고 침입했을 때 빨리 대처할 수 있다. 이와 더불어 ⓒ문화재 주변의 낡고 오래된 CCTV도 교체해야 한다. 오래된 CCTV는 화질이 나빠서 감시 기능을 제대로 하지 못한다. 더욱이 부족한 문화재 보호 인력을 CCTV로 대체하고 있다는 점을 생각한다면, 하루빨리 낡은 CCTV를 바꾸어야 한다.

라 둘째, ⓔ때로는 관람객의 편의보다는 문화재 보호를 우선해야 한다. 늦은 시간까지 문화재를 개방하거나 많은 사람이 몰려서 문화재가 훼손될 염려가 있을 때에는 관람 인원을 조정해야 한다.

마 셋째, ⓜ개개인이 문화재를 관람할 때에 기본적인 수칙을 잘 지키는 것도 중요하다. 호기심에 문화재를 만진다거나, 촬영이 금지된 곳에서 사진과 동영상을 찍어서는 안 된다. 음식물 반입이 금지되어 있다면 반드시 따라야 한다. 현실적으로 문화재를 관람하는 한 사람 한 사람을 모두 관찰하고 수칙을 잘 지키고 있는지 확인하는 것은 현실적으로 불가능하다. 우리 스스로가 문화재를 보호하려는 마음으로 사소한 행동 하나라도 조심해야 한다.

바 문화재는 우리 조상들이 남긴 가치 높은 유산이다. 우리는 문화재를 통해 역사를 배우고, 조상들의 지혜와 숨결을 느낄 수 있다. 이러한 문화재를 우리만 감상할 것이 아니라 소중히 아끼고 잘 간직해서 후손에게도 물려주어야 한다. 우리에게는 문화재를 보호할 의무가 있는 것이다. 숭례문이 불길에 휩싸였던 안타까운 순간을 잊지 말고 더 이상 ⓗ 문화재가 훼손되는 일이 없도록 문화재 보호에 힘을 기울이자.

낱말사전

● **방화** 일부러 불을 지름.
● **훼손되고** 헐리거나 깨져 못 쓰게 되고.
● **허술한** 치밀하지 못하고 엉성하여 빈틈이 있는.
● **자산(資 재물 자, 産 낳을 산)** 개인이나 법인이 소유하고 있는 경제적 가치가 있는 유형·무형의 재산.
● **복원(復 회복할 복, 原 근원 원)** 원래대로 회복함.
● **대처할** 어떤 정세나 사건에 대하여 알맞은 조치를 취할.
● **수칙** 행동이나 절차에 관하여 지켜야 할 사항을 정한 규칙.
● **반입** 운반하여 들여옴.

1 이 글에 대한 설명으로 옳지 <u>않은</u> 것은 무엇인가요? (   )

① 주장의 대상은 '첨성대'이다.
② **가** 는 이 글의 서론에 해당한다.
③ **바** 는 이 글의 결론에 해당한다.
④ 이 글에는 문제 상황과 해결 방안이 나타나 있다.

2 우리가 문화재 보호에 얼마나 소홀한지 보여 주는 예로 알맞은 것에 모두 ○표 하세요.

(1) 숭례문 방화 사건   (   )
(2) 문화재 주변에 CCTV를 설치한 사건   (   )
(3) 술 취한 사람들이 첨성대에 올라가 사진을 찍은 사건   (   )

3 ㉠~㉤ 중 문제 상황에 해당하는 것은 무엇입니까? (   )

① ㉠   ② ㉡   ③ ㉢
④ ㉣   ⑤ ㉤

4 다음 중 해결 방안이 제시된 문단끼리 묶은 것은 무엇인가요? (   )

① **가**, **나**, **다**   ② **나**, **다**, **라**
③ **다**, **라**, **마**   ④ **가**, **마**, **바**
⑤ **나**, **라**, **바**

5 '문화재 보호에 힘을 기울이자'는 주장의 근거로 옳지 <u>않은</u> 것은 무엇인가
요? (   )

① 문화재는 우리나라의 큰 자산이다.
② 문화재는 역사적으로 소중한 가치를 지니고 있다.
③ 훼손된 문화재는 과학 기술을 이용해 쉽게 복원할 수 있다.
④ 문화재를 소홀히 관리하면 숭례문 같은 사고가 또 발생할 수 있다.
⑤ 문화재를 통해 역사를 배우고, 조상들의 지혜와 숨결을 느낄 수 있다.

6 다음 중 문화재 관람 수칙에 따라 바르게 행동한 친구는 누구인지 쓰세요.

문화재를 손으로 만지지
않고 질서 있게
관람했어.
유진

촬영이 금지된
문화재를 몰래 카메라로
찍었어.
민호

문화재 주변에
먹다 남은 음료수를
버렸어.
희준

(   )

적용 25

지역 이기주의를 극복하자

㉠우리 사회에 지역 이기주의가 점점 심해지고 있습니다. '지역 이기주의'란 다른 지역은 생각하지 않고 오직 자기 지역의 이익만을 고집하는 것을 말합니다. 사람들은 행정 기관이나 공원, 지하철역 등이 자기 지역에 들어서는 것을 좋아합니다. 그러나 쓰레기를 태우는 소각장이나 땅에 묻는 매립장, 하수 처리장 등은 '혐오 시설'이라고 부르며 자기 지역에 들어서는 것을 심하게 반대합니다. 심지어 노인 요양 시설이나 장애인 시설이 들어오는 것을 막는 경우도 있습니다.

이런 지역 이기주의 때문에 지방 정부는 꼭 필요한 시설물을 제대로 만들지 못해 고민하고 있습니다. 또 지방 정부와 지역 사람들 사이에 갈등이 일어나고 지역과 지역 간에 다툼이 벌어지는 경우도 많습니다. 그렇다면 이런 지역 이기주의 문제를 어떻게 해결해야 할까요?

첫째, ㉡혐오 시설에 대한 생각을 바꾸어야 합니다. 행정 기관과 지하철역 못지않게 쓰레기 소각장과 매립장, 하수 처리장 등도 우리에게 꼭 필요한 시설물입니다. 쓰레기를 버리지 않는 사람, 물을 사용하지 않는 사람은 아무도 없습니다. 지역마다 이런 시설물을 짓는 것에 반대하여 쓰레기와 하수를 제대로 처리할 수 없게 된다면, 결국 그 피해는 우리 모두에게 돌아가게 됩니다. 아울러 노인 요양 시설과 장애인 시설은 혐오 시설이 아닌, 복지 시설이라는 점을 분명히 해야 합니다. 늙고 아픈 사람과 몸이 불편한 사람도 우리 사회의 소중한 구성원입니다. 그들도 편안하게 생활하고 교육을 받을 권리가 있습니다. 누구나 행복하게 살 수 있는 사회를 만드는 것이야말로 우리가 해야 할 일입니다.

둘째, ㉢지방 정부와 지역 사람들이 충분히 의견을 나누어야 합니다. 지방 정부는 지역 사람들에게 시설물을 만들려는 이유를 자세히 설명해 주어야 합니다. 지역 사람들 역시 무턱대고 반대만 할 게 아니라, 걱정하는 점을 명확하게 알리고 함께 문제를 해결할 방법을 찾아야 합니다.

셋째, ㉣지역 사람들에게 도움을 주는 시설을 함께 만드는 것도 방법입니다. 사람들이 몇몇 시설물을 반대하는 이유는 이익보다 손해가 크다고 생각하기 때문입니다. 따라서 지역 사람들에게 이익을 줄 수 있는 시설을 함께 만들도록 하는 것입니다. ㉮『경기도 이천시에서는 쓰레기 소각장을 만들면서 레포츠 공원과 이천 스포츠 센터를 함께 만들었습니다. 경기도 구리시에서는 쓰레기 소각장 굴뚝 꼭대기에 전망대를 만들어 사람들이 아름다운 경치를 즐길 수 있도록 했습니다. 전망대 1층에는 예술 작품을 관람할 수 있는 미술관도 운영하고 있지요.』

　㉯『넷째, ㉤지역끼리 서로 힘을 합해 문제를 해결할 수도 있습니다. 그 예로 경기도 광명시와 서울 구로구 사이에 이루어진 환경 빅딜을 들 수 있습니다. '환경 빅딜'이란 환경 문제를 해결하기 위해 기술이나 시설을 교환하는 것을 말합니다. 경기도 광명시와 서울시 구로구는 이웃한 지역인데, 한때는 쓰레기 처리장을 만드는 문제로 다투기도 했습니다. 그러다 경기도 광명시가 서울시 구로구에서 나오는 생활 쓰레기를 받아서 처리하고, 서울시는 경기도 광명시에서 나오는 생활 하수를 처리하기로 정했습니다. 그 결과, 두 지역 사람들은 갈등을 풀고 쓰레기 처리장과 하수 처리장을 만드는 데 들어가는 돈을 아낄 수 있었습니다.』

　사람들이 자기 지역의 일에 관심을 갖는 것은 바람직한 일입니다. 그러나 자기 지역만 중요하고 다른 지역은 아무 상관없다는 태도는 버려야 합니다. 내가 사는 지역만큼이나 다른 지역도 소중합니다. 함께 행복한 사회를 만들 수 있도록 지역 이기주의를 극복합시다.

- **혐오** 싫어하고 미워함.
- **빅딜** '덩치가 큰 거래.'라는 뜻의 합성 영어.

1　다음을 뜻하는 낱말은 무엇인지 이 글에서 찾아 쓰세요.

> 다른 지역은 생각하지 않고 오직 자기 지역의 이익만을 고집하는 것.

2　이 글에 나타난 글쓴이의 주장은 무엇인가요? (　　　　)

① 복지 시설을 줄여야 한다.
② 지역 이기주의에서 벗어나야 한다.
③ 지방 정부가 지역 이기주의를 만든다.
④ 지역 이기주의가 점점 약해지고 있다.
⑤ 자기 지역의 문제에 관심을 가져야 한다.

3 ㉠~㉤을 문제 상황과 해결 방안으로 나누어 쓰세요.

문제 상황	해결 방안

4 ㉮『　　』는 어떤 의견을 뒷받침하는 예시인가요? (　　　)

① 장애인 시설은 복지 시설이다.

② 지역 사람들이 해결 방법을 찾아야 한다.

③ 지역과 지역이 협력해 문제를 해결할 수 있다.

④ 지방 정부와 지역 사람들이 의견을 나누어야 한다.

⑤ 지역 사람들에게 도움을 주는 시설을 함께 만드는 것도 방법이다.

5 ㉯『　　』에서는 어떤 방법으로 근거를 제시하고 있나요? (　　　)

① 환경 빅딜의 예를 들었다.

② 혐오 시설에 대해 설명했다.

③ 노인 요양 시설의 예를 들었다.

④ 하수 처리장이 무엇인지 설명했다.

6 다음은 한 지역에 걸린 현수막의 내용입니다. 현수막에 대한 생각을 말한 것 중 글쓴이의 관점과 같은 것은 무엇인가요? (　　　)

> 우리 지역에 공원묘지가 웬 말이냐!
> 공원묘지 건설 무조건 결사반대!

① 공원묘지가 들어서면 절대 안 돼!

② 공원묘지 대신 백화점이 들어와야 해.

③ 공원묘지는 누구에게도 필요하지 않은 시설이야.

④ 공원묘지도 사람들에게 필요한 곳이니 무조건 반대해서는 안 돼.

초 등 고 학 년 필 수

지금
국어 독해를
해야 할 때

비문학 논설문

초고필 / 등학년수

지금 국어 독해를 해야 할 때

비문학
논설문

정답 및 풀이

동아출판

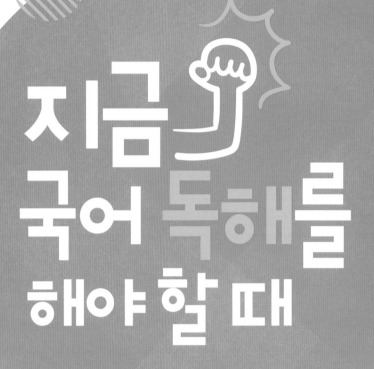

지금
국어 독해를
해야 할 때

정답 및 풀이

정답 및 풀이

원리 **①** 주장하는 내용을 확인해요.

 1. 제목을 보고 주장의 대상 확인하기

이것만은 꼭!
주장의 대상은 글의 제목을 보고, 글쓴이가 무엇에 대한 주장을 하고 있는지 살펴보면 알 수 있습니다.

┤014~015쪽├

1 ④   2 ③   3 ②   4 ④

풀이

1 '안전하게 자전거를 이용하는 문화를 만들자'고 주장하는 글입니다. 제목을 보고 주장의 대상이 '자전거'임을 알 수 있습니다.

2 제목을 통해 글쓴이가 '독후감'에 대한 주장을 하고 있음을 알 수 있습니다.

3 이 글은 '놀이'의 좋은 점을 근거로 들어 '놀이는 쓸모 있다'는 주장을 하고 있습니다.

4 이 글은 '손 씻기'에 대해 주장하는 글로, 손을 통해 질병이 전염될 수 있다는 점을 근거로 들었습니다.

 2. 글쓴이의 관점 파악하기

이것만은 꼭!
사물이나 현상에 대해 생각하는 태도나 방향을 관점이라고 하는데, 글쓴이의 관점은 글의 주장을 통해 알 수 있습니다.

┤016~017쪽├

1 ④   2 스마트폰   3 ④

풀이

1 '인간의 즐거움만을 위해 만들어진 동물원이 꼭 필요한지 생각해 보아야 한다.'라는 마지막 문장에 글쓴이의 관점이 나타나 있습니다.

2 글쓴이는 지나치게 오래 스마트폰을 사용하는 것은 해가 된다며 '꼭 필요한 일이 있을 때에만 스마트폰을 사용하자'는 관점을 밝혀 썼습니다.

3 글쓴이는 신조어로 인해 소외감과 불쾌감을 느끼는 사람이 있는 만큼, '신조어를 함부로 사용해서는 안 된다'는 관점을 드러내고 있습니다.

 3. 주장에 대한 근거 찾기

이것만은 꼭!
주장하는 글은 다른 사람을 설득하기 위해서 쓴 글로, 주장에 대한 근거가 알맞고 타당해야 합니다.

┤018~019쪽├

1 ①   2 ④   3 ①

풀이

1 '경쟁은 남이 아닌 나 자신과 하자.'는 글쓴이의 주장에 해당합니다.

2 이 글은 '숲에서 도토리를 주워 오지 말자'고 주장하는 글입니다. 글쓴이는 도토리가 야생 동물의 먹이, 곤충이 알을 낳는 장소, 숲을 이루는 나무가 된다는 점을 근거로 들었습니다.

3 글쓴이는 '귀지를 일부러 파내지 말자'고 주장하며, 그 주장을 뒷받침하는 근거 중 하나로 '귀지의 기름 성분은 귓속이 건조해지지 않도록 도움을 준다'는 내용을 제시하였습니다.

원리 ② 글의 짜임을 파악해요.

 ## 2. 문제 상황과 해결 방안 찾기 ①

원리연습 1. 서론-본론-결론 나누기 ①

이것만은 꼭!
근거를 들어 자신의 주장을 내세우는 글을 주장하는 글이라고 하는데, 주장하는 글은 서론, 본론, 결론으로 이루어져 있습니다.

────────── 024~025쪽 ├─

1 (1) 가 (2) 나 (3) 다 　　　　2 ②

풀이

1 가는 글을 쓰게 된 문제 상황과 주장을 밝힌 서론, 나는 주장을 뒷받침하는 적절한 근거를 제시한 본론, 다는 글의 내용을 요약하고 주장을 다시 한번 강조한 결론에 해당합니다.

2 가는 서론, 다는 본론, 나는 결론에 해당합니다.

원리연습 1. 서론-본론-결론 나누기 ②

이것만은 꼭!
서론에서는 글을 쓰게 된 문제 상황과 주장을 밝히고, 본론에서는 주장에 대한 근거를 제시합니다. 그리고 결론에서는 글의 내용을 요약하고, 주장을 다시 한번 강조합니다.

────────── 026~027쪽 ├─

1 ① 　　　2 (1) 가 (2) 나, 다, 라 (3) 마

풀이

1 세 문단이 차례대로 서론, 본론, 결론에 해당합니다. 글쓴이는 서론에서 주부도 어엿한 직업이라는 것을 알아야 한다고 주장하였습니다.

2 이 글에서 서론은 가, 본론은 나, 다, 라, 결론은 마입니다.

이것만은 꼭!
주장하는 글에는 글을 쓰게 된 문제 상황과 그 문제를 해결할 수 있는 방안이 제시되어 있습니다.

────────── 028~029쪽 ├─

1 ④ 　　　2 ①, ⑤ 　　　3 ②

풀이

1 이 글에 나타난 문제 상황은 '도서관에 있는 책의 훼손이 심각하다'는 것입니다.

2 이 글에 나타난 문제 상황은 '여름철'에 물놀이 사고가 잇따르고 있다'는 것이며, 2문단에 그에 대한 해결 방안이 제시되어 있습니다.

3 이 글에 나타난 문제 상황은 '시간을 헛되게 보내는 경우가 많다'는 것입니다. 시간을 헛되게 보내지 않으려면 어떻게 하는 것이 좋을지 생각해 봅니다.

 ## 2. 문제 상황과 해결 방안 찾기 ②

이것만은 꼭!
주장하는 글의 해결 방안은 문제를 해결할 수 있고 실천 가능한 것이어야 합니다.

────────── 030~031쪽 ├─

1 ② 　　　2 ④

풀이

1 이 글에 나타난 문제 상황은 '음식물 쓰레기가 넘쳐나고 있다'는 것입니다. 글쓴이는 해결 방안으로 먹을 만큼만 음식 만들기, 음식 재료 잘 보관하기, 남은 음식 포장해 오기 등을 제시했습니다.

2 이 글에 나타난 문제 상황은 '고령화로 인해 여러 가지 문제가 일어나고 있다'는 것입니다. 글쓴이는

고령화로 인한 문제를 해결하는 방안으로, '정년을 연장한다, 의료 보험 혜택을 늘린다, 요양 및 여가 시설을 많이 마련한다, 노인에 대한 그릇된 생각을 바로잡는다.'를 제시했습니다.

 원리 3 근거가 주장을 어떻게 뒷받침하는지 찾아요.

원리연습 1. 자세히 설명하여 근거를 제시한 부분 찾기

이것만은 꼭!
글쓴이는 자신의 주장을 뒷받침하기 위하여 한 대상이나 사실에 대해 자세히 설명함으로써 근거를 제시하기도 합니다.

		036~037쪽
1 ①	2 ②	3 ②

풀이

1 글쓴이는 진정한 양성평등을 이루어야 한다고 주장하며, 양성평등이 무엇인지 자세히 설명하는 방법으로 근거를 제시했습니다.

2 글쓴이는 법이 존재하는 이유는 소수의 사람들이 다른 사람의 자유와 권리를 빼앗는 것을 막기 위해서라고 설명했습니다.

3 글쓴이는 선의의 거짓말은 자신의 이익을 위해서 하는 게 아니라고 설명하였습니다.

원리연습 2. 예를 들어 근거를 제시한 부분 찾기

이것만은 꼭!
글쓴이는 자신의 주장을 뒷받침하기 위하여 본보기가 되는 예를 들어 근거를 제시하기도 합니다.

		038~039쪽
1 ②	2 ②, ③, ④	3 ③

풀이

1 글쓴이는 주장을 뒷받침하는 근거로, 일회용품 쓰레기들이 썩는 데 시간이 얼마나 걸리는지를 예로 들었습니다.

2 글쓴이는 '옛사람들을 본받아 동물의 생명을 소중히 여기고 나눔을 실천하자'고 주장하면서, 옛사람들이 동물에 대한 사랑을 표현했던 다양한 행동(까치밥 남기기, 콩 세 알 심기, 성기게 짠 짚신 신기)을 예로 들었습니다.

3 글쓴이는 '아직도 우리말 속에는 일본어의 찌꺼기가 남아 있다'고 말하면서, 그 예로 '기스, 다대기, 땡땡이'를 제시하였습니다.

원리연습 3. 인용하여 근거를 제시한 부분 찾기

이것만은 꼭!
글쓴이는 자신의 주장을 뒷받침하기 위하여 다른 사람의 말이나 속담·격언 등에서 필요한 부분을 인용함으로써 근거를 제시하기도 합니다.

		040~041쪽
1 ①	2 ③	3 ③, ④

풀이

1 글쓴이는 누구에게서든지 배울 점이 있다며, 주장을 뒷받침하는 근거로 공자의 말을 인용했습니다.

2 글쓴이는 노력하면 어떤 일도 이룰 수 있다고 주장하며, "무쇠도 갈면 바늘이 된다."라는 속담을 인용하여 근거로 제시했습니다.

3 글쓴이는 국어사전에 쓰여 있는 '다르다'와 '틀리다'의 뜻풀이를 인용했습니다.

원리 ④ 주장과 근거가 알맞은지 확인해요.

 1. 주장과 근거 나누기

이것만은 꼭!
주장은 어떤 문제에 대한 글쓴이의 의견이고, 근거는 주장을 뒷받침해 주는 내용입니다.

┤ 046~047쪽 ├

1 ①   2 ④   3 통일

풀이

1 '바다에 쓰레기를 버리지 말자'고 주장하는 글입니다. ②, ③, ④는 글쓴이의 주장을 뒷받침하는 근거입니다.

2 글쓴이는 '할 일을 미루지 말자'고 주장하며, '나중에 시간에 쫓기게 되고, 제 시간에 일을 마치기 힘들다.' 등의 근거를 들었습니다.

3 글쓴이는 '통일은 꼭 필요하다'고 주장하며, 통일을 하면 '전쟁의 위협에서 벗어날 수 있고, 국방비도 줄일 수 있으며, 이산가족이 헤어진 가족을 만날 수 있다.'는 근거를 들었습니다.

 2. 주장과 근거가 밀접하게 연결되어 있는지 확인하기

이것만은 꼭!
근거는 주장을 뒷받침해 주는 내용이므로 주장과 근거는 밀접하게 연결되어 있어야 합니다.

┤ 048~049쪽 ├

1 ③   2 ②   3 ②

풀이

1 글쓴이는 '옳고 그름의 문제는 다수결로 결정해서는 안 된다'고 주장하며, 다수결이 지닌 여러 가지 문제점을 근거로 들었습니다. 다수결로 의견을 결정하는 방법이 여러 가지라는 것은 글쓴이의 주장과 밀접한 관련이 없습니다.

2 ⓒ는 '공동 주택에서 반려동물을 기르면 안 된다'는 주장에 대한 근거로 알맞습니다.

3 걷기가 우리에게 주는 도움으로 알맞은 근거를 찾습니다. ①, ③은 주장과 밀접하게 연결된 근거가 아니고, ④는 잘못된 근거입니다.

 3. 근거가 정확하고 올바른지 따지기

이것만은 꼭!
주장하는 글을 읽을 때에는 근거가 설득력 있고, 정확하며 타당한 내용인지 따져 보아야 합니다.

┤ 050~051쪽 ├

1 ⑤   2 ③   3 ①

풀이

1 근거는 설득력이 있고, 사람들이 공감할 수 있는 내용이어야 합니다. 사생활은 보호받아야 하며, CCTV로 인해 사생활이 침해되어서는 안 됩니다.

2 근거는 객관적이고 설득력이 있어야 합니다. 따라서 단순히 기념일이 없어졌으면 좋겠다고 한 친구의 말을 인용한 ⓒ은 근거로 적절하지 않습니다.

3 상대를 비하하는 별명만 있는 것은 아닙니다. '천사', '똘똘이', '축구왕'처럼 상대를 칭찬하는 별명도 많습니다.

원리 ⑤ 글쓴이의 생각과 내 생각을 비교해요.

1. 글쓴이의 생각이 적용된 사례 찾기

이것만은 꼭!
주장하는 글을 읽고 글쓴이의 생각이 적용된 사례를 찾으면 주장에 대한 근거를 더 많이 생각해 볼 수 있습니다.

───┤ 056~057쪽 ├───
1 ②　　　2 ③　　　3 ①

풀이

1 글쓴이는 부모님의 마음을 편안하고 행복하게 해 드리는 것이 진정한 효도라고 했습니다. 자식이 늦도록 돌아오지 않으면 부모님의 마음은 편안할 수 없습니다. 이때 전화를 드린다면 부모님은 걱정을 덜 수 있을 것입니다.

2 글쓴이는 저마다 맡은 일에 책임을 다할 때 사회가 발전할 수 있다고 하였습니다. 연극에서 작은 역할을 맡았는데도 열심히 연습한 것이 책임감 있는 행동입니다.

3 글쓴이는 동물의 생명을 소중히 여기며 동물이 받는 고통을 최대한 줄이도록 노력하자고 했습니다. 따라서 오리와 거위의 털을 뽑아 이불을 만든 것은 글쓴이의 생각이 적용된 사례라고 할 수 없습니다.

 ## 2. 글쓴이의 생각을 다른 관점으로 읽기

이것만은 꼭!
주장하는 글에 나타난 글쓴이의 생각을 다른 관점으로 읽으면 주장에 대한 비판적인 시각을 기를 수 있습니다.

───┤ 058~059쪽 ├───
1 ④　　　2 ④　　　3 ④

풀이

1 글쓴이는 경순왕이 고려에 항복한 것을 긍정적인 관점으로 바라보고 있습니다. 그러나 ④에서는 경순왕이 고려에 맞섰다면 신라를 지켜 냈을 것이라고 했으므로, 글쓴이의 관점과는 다릅니다.

2 글쓴이는 사형 제도가 계속 필요한지는 생각해 보아야 한다고 했으나, 진현이는 흉악한 범죄를 저지른 죄인은 사형으로 처벌해야 사회 질서를 유지할 수 있다고 하였습니다.

3 글쓴이는 돈이 많다고 행복한 것은 아니라고 주장했으나, ④에서는 돈이 많아야 원하는 일을 마음껏 할 수 있다고 하였습니다.

 ## 3. 새로운 상황에 글쓴이의 생각 적용하기

이것만은 꼭!
주장하는 글에 나타난 글쓴이의 생각을 새로운 상황에 적용하면, 생각이 넓어지고 사고력을 기를 수 있습니다.

───┤ 060~061쪽 ├───
1 ④　　　2 ②

풀이

1 글쓴이는 생각하기에 따라 마음 상태가 달라질 수 있다고 했습니다. 따라서 글쓴이라면 방학이 끝난 것은 아쉽지만 친구들을 만날 수 있어 좋다고 긍정적으로 생각했을 것입니다.

2 글쓴이는 겉보기로만 사람을 판단해서는 안 된다고 했습니다. 따라서 '당신이 타고 다니는 차가 곧 당신의 품격을 나타냅니다.'라는 광고 문구에 대해 올바르지 않다고 생각했을 것입니다.

적용 1 합리적으로 소비하자

글의 특징

합리적으로 소비하자고 주장하는 글입니다. 합리적 소비란 무엇인지에 대해서 말하고 합리적으로 소비하는 방법에 대해 구체적으로 제시했습니다.

문단별 중심 내용

1문단	합리적인 소비를 해야 한다.
2문단	돈을 사용할 계획을 세워야 한다.
3문단	내게 꼭 필요한 물건인지 생각해 보고 사야 한다.
4문단	사려는 물건에 대해 알아보아야 한다.
5문단	쓴 돈에 대해 적어 두어야 한다.
6문단	합리적인 소비로 만족을 높이고 훗날을 대비해야 한다.

─┤ 068~069쪽 ├─

1 ②	2 합리적인 소비
3 ①	4 ⑤

풀이

1 **원리1** 주장하는 내용을 확인해요. 글쓴이는 가정에서 버는 돈은 한정되어 있으므로 합리적으로 소비해야 한다고 생각하고 있습니다.

오답 풀이

① 살아가기 위해 소비를 해야 한다고 하였습니다.

③ 소비는 충동적으로 하는 것이 아니라, 계획을 세워서 해야 한다고 하였습니다.

④ 글쓴이는 은행에 빚을 지는 것을 우려하고 합리적인 소비를 해야 한다고 하였습니다.

2 **내용 이해** 글쓴이는 한정된 소득으로 최대한의 만족을 얻을 수 있도록 소비하는 것이 '합리적인 소비'라고 하였습니다.

3 **원리3** 근거가 주장을 어떻게 뒷받침하는지 찾아요. ㉠은 소비가 무엇인지 예를 들어 설명한 것입니다.

4 **원리5** 글쓴이의 생각과 내 생각을 비교해요. 글쓴이는 합리적인 소비를 하려면, 사려는 물건에 대해 알아보아야 한다고 했습니다. 장난감을 사기 전에 인터넷으로 정보를 검색해 본 미나가 이에 해당합니다.

적용 2 독서의 힘

글의 특징

어린이들에게 독서를 하자고 주장하는 글입니다. 글쓴이는 자신의 주장을 뒷받침하기 위해 독서가 주는 여러 가지 이로운 점을 근거로 들었습니다.

문단별 중심 내용

가	독서를 통해 우리는 많은 것을 얻을 수 있다.
나	독서를 하면 지식과 정보를 얻을 수 있다.
다	독서를 하면 재미를 느낄 수 있다.
라	독서는 생각하는 힘을 길러 준다.
마	독서를 하면 표현력과 어휘력이 길러진다.
바	날마다 조금씩이라도 책을 읽도록 하자.

─┤ 070~071쪽 ├─

1 초등학생들의 독서량이 줄어들고 있는 문제

2 ①	3 ④	4 ②

풀이

1 **내용 이해** 글쓴이는 초등학생의 독서량이 고학년으로 갈수록 줄어들고 있는 문제를 걱정하고 있습니다.

2 **원리1** 주장하는 내용을 확인해요. 이 글은 '독서를 하자'고 주장하는 글입니다.

3 **원리4** 주장과 근거가 알맞은지 확인해요. 독서가 주는 이로움은 ①, ②, ③, ⑤이고, 한번 책과 멀어지면 다시 책을 가까이하기 어려울 때가 많다고 하였습니다.

4 **원리2** 글의 짜임을 파악해요. 이 글의 서론은 **가**, 본론은 **나**, **다**, **라**, **마**, 결론은 **바**입니다.

[참고] 독서와 관련된 명언

"좋은 책을 읽는 것은 과거 몇 세기의 가장 훌륭한 사람들과 이야기를 나누는 것과 같다."

◀ 프랑스의 철학자 르네 데카르트

적용 3 유전자 재조합 농산물의 문제

문단별 중심 내용

1문단	유전자 재조합 농산물은 문제를 안고 있다.
2문단	유전자 재조합 농산물은 안전하다고 장담할 수 없다.
3문단	유전자 재조합 농산물은 생태계를 어지럽힐 수 있다.
4문단	유전자 재조합 농산물의 생산량을 무작정 늘렸다가는 문제가 생길 수 있다.

072~073쪽

1 ⑤   2 (1) ○

3 (1) ○ (2) ○   4 호야

풀이

1 **원리1** 주장하는 내용을 확인해요. 이 글은 '유전자 재조합 농산물'이 여러 문제를 안고 있다고 주장하는 글입니다.

2 **원리3** 근거가 주장을 어떻게 뒷받침하는지 찾아요. 이 글에서 글쓴이는 유전자 재조합 농산물이 가지고 있는 문제를 근거로 제시하며 유전자 재조합 농산물의 생산량을 무작정 늘려서는 안 된다고 주장하였습니다.

3 **원리4** 주장과 근거가 알맞은지 확인해요. 글쓴이는 유전자 재조합 방식으로 생산한 농산물이 안전하다고 장담할 수 없고, 생태계를 어지럽힐 수 있다고 하였습니다.

4 **원리5** 글쓴이의 생각과 내 생각을 비교해요. 호야는 유전자 재조합 농산물이 들어간 가공식품도 지속적으로 안전성을 연구할 필요가 있다고 하였습니다. 이러한 호야의 생각은 유전자 재조합 농산물의 안전을 장담할 수 없다고 한 글쓴이의 생각과 비슷합니다.

적용 4 퓨전 한복을 바라보는 눈

문단별 중심 내용

1문단	요즘 사람들이 퓨전 한복을 많이 입는다.
2문단	퓨전 한복을 부정적으로만 바라보아서는 안 된다.
3문단	퓨전 한복 덕분에 사람들이 다시 한복에 관심을 갖게 되었다.
4문단	퓨전 한복 역시, 시대가 변하면서 자연스럽게 모양이 달라진 것이다.
5문단	퓨전 한복으로 인해 한복에 대한 관심이 살아나는 건 환영할 일이다.

074~075쪽

1 퓨전 한복   2 ④

3 ③   4 ④

풀이

1 **내용 이해** 이 글은 퓨전 한복을 부정적으로만 바라보아서는 안 된다고 주장하는 글입니다.

2 **원리1** 주장하는 내용을 확인해요. 값이 비싸고 활동하기에 불편한 것은 퓨전 한복이 아니라 전통 한복에 대한 설명입니다.

3 **원리4** 주장과 근거가 알맞은지 확인해요. 글쓴이는 퓨전 한복을 부정적으로만 바라보아서는 안 된다고 주장합니다. '퓨전 한복 덕분에 사람들이 다시 한복에 관심을 갖게 되었다.', '퓨전 한복 역시, 시대가 변하면서 자연스럽게 모양이 달라진 것이다.' 등을 그 근거로 들었습니다.

4 **원리5** 글쓴이의 생각과 내 생각을 비교해요. 글쓴이는 퓨전 한복을 긍정적인 관점으로 바라보고 있습니다. ④는 외국인이 퓨전 한복을 우리나라의 전통 의상으로 오해할 수 있다고 걱정하고 있으므로, 글쓴이의 관점과는 다릅니다.

적용 5 우주 쓰레기의 위협

글의 특징
우주 쓰레기가 큰 위협이 된다고 주장하는 글입니다. 우주 쓰레기로 인해 생기는 여러 가지 문제를 주장의 근거로 제시했습니다.

문단별 중심 내용

1문단	우주 쓰레기는 우리에게도 큰 위협이 된다.
2문단	우주 쓰레기와 충돌하면 인공위성이 부서지거나 우주선에 탄 사람들이 위험해질 수 있다.
3문단	우주 쓰레기들끼리 충돌하는 것도 문제이다.
4문단	우주 쓰레기가 지구도 위협하고 있다.
5문단	우주 쓰레기를 제거하려는 노력을 기울여야 한다.

──┤ 076~077쪽 ├──

1 우주 쓰레기   2 ①, ②
3 ③   4 정우

풀이

1 **원리1** 주장하는 내용을 확인해요. 이 글에서는 우주 쓰레기에 대하여 말하고 있습니다.

2 **원리1** 주장하는 내용을 확인해요. 글쓴이는 세계 여러 나라가 힘을 합해 인공위성을 우주 쓰레기로 만드는 일이 없게 하고, 우주에 떠도는 쓰레기를 제거하려는 노력을 기울여야 한다고 주장했습니다.

3 **원리4** 주장과 근거가 알맞은지 확인해요. 우주 쓰레기는 크기가 다양하며, 아주 작은 조각도 위협이 됩니다.

오답 풀이
①, ② 2문단에서 우주 쓰레기와 충돌하면 인공위성이 부서지거나 우주선에 타고 있는 사람들의 생명이 위험해질 수 있다고 하였습니다.

4 **원리5** 글쓴이의 생각과 내 생각을 비교해요. 글쓴이는 우주 쓰레기가 큰 위협이 되므로 우주 쓰레기를 제거하기 위해 노력해야 한다고 했고, 정우는 역사적 의미가 있는 우주 폐기물은 없애지 말고 잘 지켜야 한다고 하였으므로 서로 관점이 다릅니다.

적용 6 SNS 중독을 경계하자

글의 특징
SNS를 지나치게 사용하지 말자고 주장하는 글입니다. SNS 중독으로 인해 생기는 여러 가지 문제를 주장의 근거로 제시했습니다.

문단별 중심 내용

1문단	SNS에 지나치게 빠져들면 여러 가지 문제가 생긴다.
2문단	현실의 인간관계에 소홀하게 된다.
3문단	자신을 발전시킬 수 있는 시간이 줄어든다.
4문단	진정한 자신의 모습을 잃게 된다.
5문단	SNS를 알맞게 사용해야 한다.

──┤ 078~079쪽 ├──

1 SNS 중독   2 ⑤
3 ④   4 ④

풀이

1 **원리1** 주장하는 내용을 확인해요. 이 글에서는 SNS에 지나치게 빠져들면 생기는 문제점에 대해 말하였습니다.

2 **원리1** 주장하는 내용을 확인해요. 글쓴이는 SNS에 지나치게 빠져들면 여러 가지 문제가 생기므로 SNS를 알맞게 사용하자고 했습니다.

3 **내용 이해** 글쓴이는 SNS에 지나치게 빠져들면 여러 가지 문제가 생긴다고 하였습니다. ⓔ은 그 문제점에 대한 내용이 아닙니다.

4 **원리5** 글쓴이의 생각과 내 생각을 비교해요. 글쓴이는 SNS 중독을 경계하고 알맞게 사용하자고 했습니다. 따라서 하루 종일 SNS를 한 정아는 글쓴이의 뜻에 따라 행동했다고 볼 수 없습니다.

[참고] SNS의 개념
특정한 관심이나 활동을 공유하는 사람들 사이의 관계망을 구축해 주는 온라인 서비스를 '사회 관계망 서비스(Social Network Service)'라고 하고 간단히 'SNS'라 부릅니다.

적용 7 발상의 전환을 해 보자

글의 특징

발상의 전환을 해 보자고 주장하는 글입니다. 주장을 뒷받침하기 위해 '아오모리 현의 합격 사과'에 얽힌 일화를 예로 제시했습니다.

문단별 중심 내용

가	발상을 전환하면 문제를 해결할 수도 있다.
나	예로 '아오모리 현의 사과'를 들 수 있다.
다	아모오리 현 사람들은 발상의 전환으로 문제를 해결할 수 있었다.
라	발상의 전환을 해 보자.

080~081쪽

1 (1) ○	2 결론
3 ②	4 준호

풀이

1 **원리2** 글의 짜임을 파악해요. 글쓴이는 발상의 전환으로 문제를 해결할 수도 있으므로 생각의 틀에 갇히지 말고 발상의 전환을 해 보자고 했습니다.

2 **원리2** 글의 짜임을 파악해요. 이 글에서 서론은 **가**, 본론은 **나**, **다**, 결론은 **라** 입니다.

3 **원리3** 근거가 주장을 어떻게 뒷받침하는지 찾아요. 글쓴이는 발상의 전환으로 문제를 해결할 수도 있다는 주장을 뒷받침하기 위해 '아오모리 현의 합격 사과'를 예로 들었습니다.

◀ 아오모리 현의
히로사키 사과 공원

4 **원리5** 글쓴이의 생각과 내 생각을 비교해요. 글쓴이는 문제를 해결하기 위해 한 가지 생각에 골몰하지 말고 다양한 시선으로 상황을 바라보아야 한다고 하였습니다.

적용 8 '탄소 포인트제'에 참여하자

글의 특징

탄소 포인트제에 참여해 온실가스를 줄이자고 주장하는 글입니다. 온실가스를 줄일 수 있는 여러 가지 방법을 구체적으로 제시하였습니다.

문단별 중심 내용

1문단	온실 효과로 인해 다양한 문제가 발생하고 있다.
2문단	온실 효과에 큰 영향을 미치는 이산화 탄소의 배출량을 줄여야 한다.
3문단	화석 연료 사용을 줄이고, 대체 에너지를 개발해야 한다.
4문단	탄소 포인트제에 참여하면 온실가스를 줄일 수 있다.
5문단	탄소 포인트제에 참여해 온실가스 줄이기를 실천하자.

082~083쪽

1 탄소 포인트제	2 ③	3 시영

풀이

1 **원리1** 주장하는 내용을 확인해요. '탄소 포인트제'에 대해 설명한 것입니다.

2 **원리2** 글의 짜임을 파악해요. 신생아 수가 감소하는 문제는 이 글에 나타나 있지 않습니다.

오답 풀이

①, ②, ④, ⑤의 내용은 1문단에 나타나 있습니다.

▲ 온실 효과로 인해 녹은 빙하의 모습

3 **원리5** 글쓴이의 생각과 내 생각을 비교해요. 글쓴이는 온실 효과를 막기 위한 해결 방안을 제시하였습니다. 냉방기를 세게 틀면 화석 연료 사용량이 늘어나서 온실 효과를 해결하기 어려워집니다.

적용 9 다이어트는 건강을 위해

글의 특징

건강을 해치지 않도록 올바른 방법으로 다이어트를 하자고 주장하는 글입니다. 잘못된 다이어트로 생기는 문제와 이를 해결하는 올바른 다이어트 방법을 제시했습니다.

문단별 중심 내용

1문단	잘못된 방법으로 다이어트를 하는 경우가 많다.
2문단	잘못된 방법으로 다이어트를 해서는 안 된다.
3문단	영양소를 골고루 섭취하고 세 끼를 챙겨 먹어야 한다.
4문단	운동을 해야 한다.
5문단	단기간에 살을 빼려는 생각을 버려야 한다.
6문단	올바른 방법으로 다이어트를 해야 한다.

084~085쪽

1 ② 　　 2 ③ 　　 3 결론 　　 4 민아

풀이

1 **원리1** 주장하는 내용을 확인해요. 글쓴이는 건강을 위해 체중을 줄일 필요가 있다면, 올바른 방법으로 다이어트를 하자고 하였습니다.

2 **원리3** 근거가 주장을 어떻게 뒷받침하는지 찾아요. 잘못된 다이어트를 하면 안 되는 근거로 면역력이 떨어질 수 있다고 하였습니다.

3 **원리2** 글의 짜임을 파악해요. ㉠는 앞의 내용을 정리하며 다시 한번 주장을 강조하고 있으므로 글의 결론 부분에 해당합니다.

4 **원리5** 글쓴이의 생각과 내 생각을 비교해요. 글쓴이는 올바른 방법으로 다이어트를 하려면 운동을 하되, 몸에 무리가 되지 않도록 해야 한다고 했습니다. 따라서 쉬운 운동부터 차근차근 운동을 한 민아가 이에 해당합니다.

오답 풀이

성호: 음식을 극도로 제한하여 단기간에 살을 빼려는 다이어트 방법은 잘못되었다고 하였습니다.

준기: 운동을 하는 것은 좋지만 몸에 무리가 가도록 운동을 해서는 안 된다고 하였습니다.

 적용 10 로봇세는 필요하다

글의 특징

'로봇세 도입에 찬성한다'고 주장하는 글입니다. 로봇세로 일자리가 줄어드는 속도를 늦출 수 있고, 일자리를 잃은 사람을 도울 수도 있다는 근거를 들었습니다.

문단별 중심 내용

1문단	로봇세 도입에 찬성한다.
2문단	로봇세로 일자리가 줄어드는 속도를 늦출 수 있다.
3문단	로봇세로 일자리를 잃은 사람을 도울 수 있다.
4문단	바람직한 변화를 위해서는 로봇세를 도입해야 한다.

086~087쪽

1 ② 　　 2 (2) ○

3 찬성 　　 4 ③

풀이

1 **원리1** 주장하는 내용을 확인해요. 이 글은 '로봇세'에 대한 글쓴이의 주장을 쓴 글입니다.

2 **내용 이해** 1문단에 로봇세 도입에 반대하는 사람들이 어떤 주장을 하는지 나타나 있습니다.

3 **원리1** 주장하는 내용을 확인해요. 글쓴이는 '나는 로봇세 도입에 찬성하는 입장이다.'라고 하여 로봇세 도입에 대한 자신의 관점을 분명하게 드러냈습니다.

4 **원리4** 주장과 근거가 알맞은지 확인해요. '로봇세를 도입한 나라에 있는 기업이 다른 나라로 옮겨 갈 수 있다.'라는 것은 로봇세를 반대하는 사람들이 자신의 주장을 뒷받침하려고 제시한 근거입니다.

오답 풀이

①, ② 3문단에서 로봇세로 거두어들인 돈으로 정부는 일자리를 잃은 사람들의 생활을 돕고, 그들에게 새로운 직업 교육도 시킬 수 있다고 하였습니다.

④ 2문단에서 로봇세를 내게 되면 로봇을 사용하든 사람에게 일을 맡기든 기업이 남기는 이윤에는 큰 차이가 나지 않으므로 굳이 사람 대신 로봇을 사용할 필요도 줄어든다고 하였습니다.

적용 11 물을 소중히 여기고 아끼자

글의 특징
물을 소중히 여기고 아껴 쓰자고 주장하는 글입니다. 사람들이 물을 허투루 쓰고 있다는 문제 상황과 왜 물을 함부로 쓰면 안 되는지, 물을 아끼기 위해 어떻게 해야 하는지 등을 제시했습니다.

문단별 중심 내용

가	사람들이 물을 허투로 쓰고 있다.
나	사람들이 쓸 수 있는 물의 양은 적으므로 물을 아껴야 한다.
다	생활 속에서 누구나 물 절약을 실천할 수 있다.
라	우리는 물 없이 살 수 없으므로, 물을 소중히 여기고 아끼자.

┤088~089쪽├

1 ②	2 ②	3 ②	4 진호

풀이

1 **원리1** 주장하는 내용을 확인해요. 글의 마지막에 물의 소중함을 알고 물을 아껴 쓰도록 노력하자고 하였으므로 제목에는 '물'이 들어가야 합니다.

2 **원리2** 글의 짜임을 파악해요. 글쓴이는 '물을 아주 흔한 물질이라 여기고 허투루 쓰는 경우가 많다.'라는 것을 문제 상황으로 제시했습니다.

3 **원리1** 주장하는 내용을 확인해요. 글쓴이는 우리는 물 없이는 살아갈 수 없다며 물의 소중함을 알고 아껴 쓰도록 노력하자고 했습니다.

오답 풀이
① 바닷물을 민물로 만들 수 있다는 내용은 나타나 있지 않습니다.
③ 물은 어디를 가든 흔히 볼 수 있다고 하였지만, 그것이 글쓴이가 말하고자 하는 내용은 아닙니다.
④ 물은 어떤 것으로도 대체할 수 없다고 하였습니다.
⑤ 민물에 극지방의 빙하 등이 포함되어 있는 것은 맞지만, 그것이 글쓴이가 말하고자 하는 내용은 아닙니다.

4 **원리2** 글의 짜임을 파악해요. **나**에는 문제 상황이 구체적으로 드러나 있습니다.

적용 12 공정 무역을 늘려야 한다

글의 특징
공정 무역을 확대하자고 주장하는 글입니다. 글쓴이는 무역이 활발해지면서 부자 나라와 가난한 나라의 차이가 더욱 벌어지는 등 여러 문제가 발생한다며, 이를 해결하는 방법으로 공정 무역을 확대할 것을 제시했습니다.

문단별 중심 내용

1문단	세계 여러 나라가 무역을 활발하게 벌이고 있다.
2문단	무역이 공정하게 이루어지지 않아 여러 문제가 발생하고 있다.
3문단	공정 무역은 무역을 공정하고 올바르게 하는 것이다.
4문단	공정 무역을 확대해야 한다.

┤090~091쪽├

1 공정 무역	2 ④
3 ①	4 ④

풀이

1 **내용 이해** 공정 무역이란 말 그대로 무역을 공평하고 올바르게 하는 것을 말합니다.

2 **원리2** 글의 짜임을 파악해요. 공정하지 못한 무역으로 인해, 개발 도상국의 농작물이 헐값에 팔리기도 한다고 했습니다.

3 **원리1** 주장하는 내용을 확인해요. '공정 무역을 확대해야 한다.'가 글쓴이의 주장입니다.

오답 풀이
② 무역이 모든 나라에 이익이 되는 것은 아니라고 하였습니다.
③ 나라마다 자원과 기술에 차이가 있는 것은 맞지만 이 내용이 글쓴이의 주장인 것은 아닙니다.
④ 세계 여러 나라가 활발하게 무역을 하고 있는 것은 현재 상황이지 글쓴이가 주장하는 내용은 아닙니다.

4 **원리4** 주장과 근거가 알맞은지 확인해요. 공정 무역을 한다고 해서 부자 나라의 대기업이 이익을 남길 수 없는 것은 아닙니다.

적용 13 자존감을 높이자

글의 특징
자존감을 높이자고 주장하는 글입니다. 자존감이 높으면 삶에 만족하고 행복을 느끼며, 다른 사람의 말에 쉽게 흔들리지 않는다는 근거를 제시했습니다.

문단별 중심 내용

1문단	자존감은 스스로를 귀하게 여기고 아끼는 마음이다.
2문단	자존감을 높이는 것은 매우 중요하다.
3문단	자존감이 높으면 삶에 만족하고 행복을 느낀다.
4문단	자존감이 높으면 다른 사람의 말에 쉽게 흔들리지 않는다.
5문단	자신이 귀한 사람임을 잊지 말고 자존감을 높여 나가자.

092~093쪽

1 ①　　　　2 (1) 행복　(2) 흔들리지
3 ②　　　　4 ④

풀이

1 **원리1** 주장하는 내용을 확인해요. 글쓴이는 살면서 자존감을 높이는 것이 매우 중요하다고 강조했습니다.

2 **원리3** 근거가 주장을 어떻게 뒷받침하는지 찾아요. 자존감이 있으면 삶에 만족하고 행복을 느끼며, 다른 사람들의 말에 쉽게 흔들리지 않는다고 하였습니다.

3 **원리4** 주장과 근거가 알맞은지 확인해요. ⓒ은 자존감에 대해 설명한 내용으로, 글쓴이의 생각을 나타낸 주장이 아닙니다.

4 **원리5** 글쓴이의 생각과 내 생각을 비교해요. 글쓴이는 자존감이 높은 사람은 자신을 남과 비교하지 않으며, 설령 비교하더라도 자신이 못났다고 생각하지 않는다고 했습니다. 따라서 꼴등을 했어도 스스로를 못났다고 생각하지 않았을 것입니다.
오답 풀이 ①, ②, ③ 다른 사람과 자신을 비교하고 '왜 나는 이것밖에 못하지?'라고 끊임없이 스스로를 깎아내리는 것은 자존감이 낮은 사람들의 특징이라고 하였습니다.

적용 14 노랫말도 문학의 일부일까?

글의 특징
노랫말을 문학으로 볼 수 있다고 주장한 글입니다. 옛날에는 시와 이야기를 노래로 들었다는 것, 문학의 사전적 정의 등을 근거로 들었습니다.

문단별 중심 내용

1문단	대중 가수가 노벨 문학상을 받았다.
2문단	노랫말을 문학 작품으로 볼 수 있을지 생각해 보아야 한다.
3문단	옛날에는 시가 곧 노랫말이었다.
4문단	판소리에서 비롯된 문학 작품이 있다.
5문단	문학의 사전적 정의에 따르면 노랫말도 문학에 해당한다.
6문단	노랫말도 문학의 일부로 볼 수 있다.

094~095쪽

1 (2) ○　　2 ①　　3 ②　　4 ⑤

풀이

1 **내용 이해** 2016년 미국의 대중 가수 밥 딜런이 노벨 문학상을 받았고, 파격적인 선정이라는 평을 들었다고 했습니다.

2 **원리1** 주장하는 내용을 확인해요. 글쓴이는 노랫말을 문학의 일부로 볼 수 있다고 했습니다.

3 **원리3** 근거가 주장을 어떻게 뒷받침하는지 찾아요. ㉮에서 글쓴이는 문학의 사전적 정의를 인용해 근거로 제시했습니다.

4 **원리4** 주장과 근거가 알맞은지 확인해요. 우리나라의 문학 작품이 세계적으로 인기를 끌고 있다는 것은 노랫말이 문학이라는 주장을 뒷받침하지 못합니다.
[참고] 판소리
판소리는 북 장단에 맞추어 소리꾼이 몸짓을 섞어 가면서 일정한 대사와 소리로 이야기를 엮어 나가는 우리 민족 고유의 극적인 노래입니다. 우리가 잘 알고 있는 「춘향전」이나 「심청전」, 「토끼전」, 「흥부전」 같은 이야기 글의 바탕이 된 노래이자 이야기입니다.

적용 15 교통안전 수칙을 잘 지키자

글의 특징
교통안전 수칙을 잘 지키자고 주장하는 글입니다. 교통사고를 막는 방법으로 다양한 교통안전 수칙을 제시했습니다.

문단별 중심 내용

1문단	어린이 교통사고가 많이 일어난다.
2문단	어린이 교통사고를 예방하려면 어린이 스스로 교통안전 수칙을 잘 지켜야 한다.
3문단	길을 건널 때 주의해야 한다.
4문단	버스를 기다리거나 자동차에서 내릴 때에도 조심해야 한다.
5문단	주차장, 차들이 오가는 길에서 공놀이를 하면 안 된다.
6문단	교통안전 수칙을 잘 지켜야 한다.

096~097쪽

1 ③   2 교통안전 수칙

3 ①   4 ②

풀이

1 **내용 이해** 글쓴이는 어린이들이 교통안전 수칙을 잘 알고 있으나 종종 어기기도 해서 사고가 일어난다고 하였습니다.

2 **원리1** 주장하는 내용을 확인해요. 글쓴이는 어린이 스스로가 교통안전 수칙을 지키는 것이 가장 중요하다고 했습니다.

3 **원리2** 글의 짜임을 파악해요. 이 글의 문제 상황은 ㉠이며, 해결 방안은 ㉡, ㉢, ㉣입니다.

4 **원리5** 글쓴이의 생각과 내 생각을 비교해요. 글쓴이는 교통안전 수칙을 잘 지키자고 했습니다. 따라서 친구에게 자전거에서 내려 좌우를 잘 살피며 횡단보도를 건너라고 말했을 것입니다.

[참고] 자전거 관련 교통안전 표지판

▲ 자전거 통행 금지   ▲ 자전거 전용

적용 16 외래 동식물에 주의를 기울이자

글의 특징
외래 동식물이 여러 피해를 줄 수 있다고 주장하는 글입니다. 외래 동식물이 토종 동식물과 사람에게 주는 피해를 근거로 들었습니다.

문단별 중심 내용

1문단	외래 동식물이 들어오는 일이 늘어나고 있다.
2문단	외래 동식물이 토종 동식물을 위협한다.
3문단	외래 동식물은 인간에게도 피해를 준다.
4문단	우리나라도 외래 동식물 때문에 큰 어려움을 겪고 있다.
5문단	외래 동식물이 함부로 들어오는 일이 없도록 해야 한다.

098~099쪽

1 ③   2 생태계, 인간

3 ②   4 ③

풀이

1 **원리1** 주장하는 내용을 확인해요. 글쓴이는 외래 동식물이 여러 가지 문제를 일으키므로 외래 동식물이 들어오는 것을 가볍게 보아 넘겨서는 안 된다고 했습니다.

2 **원리3** 근거가 주장을 어떻게 뒷받침하는지 찾아요. 외래 동식물이 들어와서 토종 동식물을 위협하면 토종 동식물은 멸종에 이를 수도 있고 결국 생태계도 파괴될 수 있다고 하였습니다. 또한 외래 동식물은 토종 동식물뿐 아니라 인간에게도 피해를 준다고 하였습니다.

3 **원리3** 근거가 주장을 어떻게 뒷받침하는지 찾아요. 글쓴이는 외래 동식물이 우리나라에 들어와 피해를 입히고 있다고 하였습니다. 외래 동식물의 예로 큰입배스, 블루길, 가시박, 뉴트리아를 들었습니다.

4 **원리4** 주장과 근거가 알맞은지 확인해요. ㉢ '외래 동식물이 함부로 들어오는 일이 없도록 정부는 감시를 철저히 하고, 우리도 주의를 기울여야 한다.'는 이 글의 주장에 해당합니다.

적용 17 사막화를 막아야 한다

─┤ 100~101쪽 ├─

1 사막화   2 ④

3 (1) ○ (3) ○   4 ③

풀이

1 **원리1** 주장하는 내용을 확인해요. 이 글에서 글쓴이는 사막화를 막아야 한다고 주장했습니다.

2 **원리2** 글의 짜임을 파악해요. 이 글에서는 사막화로 인해 고향을 떠나게 된 사람들이 많이 있다고 하였습니다.

3 **원리3** 근거가 주장을 어떻게 뒷받침하는지 찾아요. 황사 현상은 사막화가 빠르게 진행되어 생기는 피해에 속하는 내용입니다.

[참고] 사막에서 일어나는 황사 현상

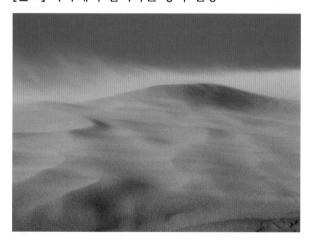

4 **원리2** 글의 짜임을 파악해요. 글쓴이는 사막화를 막으려면 사막 주위의 초원을 보호하고, 나무를 심어 숲을 만들어야 한다고 했습니다.

적용 18 에너지 소비를 줄여야 한다

─┤ 102~103쪽 ├─

1 에너지   2 ⑤

3 ①   4 ③

풀이

1 **내용 이해** 에너지란 물체를 움직이거나 일을 하는 힘을 말하는데, 우리는 에너지를 이용하여 편리한 생활을 하고 있습니다.

2 **원리1** 주장하는 내용을 확인해요. 글쓴이는 기술의 발달만으로는 에너지 소비량을 줄일 수 없다며 에너지 사용을 줄이자고 주장했습니다.

3 **원리3** 근거가 주장을 어떻게 뒷받침하는지 찾아요. 글쓴이는 주장을 뒷받침하기 위해 경제학자의 말을 인용했습니다.

4 **원리4** 주장과 근거가 알맞은지 확인해요. 예전에 비해 자원의 효율성을 높이는 기술이 크게 발전했지만, 여전히 자원이 줄어들고 있다고 했습니다.

오답 풀이

①, ② 4문단에서 다양한 종류의 냉장고가 등장하였고, 자동차 수가 예전에 비해 많이 늘어났다고 하였습니다.

④ 3문단에서 기계를 이용하는 사람들이 늘기 때문에 결국 더 많은 자원이 소비된다고 하였습니다.

글의 특징
말을 할 때, 상대를 존중하는 마음을 잃지 말자고 주장하는 글입니다. 언어가 폭력이 되어 심각한 문제를 불러올 수 있다는 근거를 들었습니다.

문단별 중심 내용
가	언어도 폭력이 될 수 있다.
나	언어폭력은 사람의 정신과 마음에 상처를 입힌다.
다	언어폭력이 또 다른 폭력을 부른다.
라	언어폭력에는 상대를 놀리는 말도 포함된다.
마	말을 할 때 상대를 존중하는 마음을 잃지 말아야 한다.

┤104~105쪽├

1 언어폭력		2 ⑤	
3 ②		4 ①	

풀이

1 원리1 주장하는 내용을 확인해요. 이 글은 언어폭력의 위험성을 지적하고 있습니다.

2 원리3 근거가 주장을 어떻게 뒷받침하는지 찾아요. ⑤는 상대를 기분 좋게 하는 말입니다.

오답 풀이
①~④는 사람의 정신과 마음에 상처를 입히는 언어폭력의 예입니다.

3 원리5 글쓴이의 생각과 내 생각을 비교해요. 언어폭력에는 상대를 놀리는 말도 포함됩니다. 장난으로 한 말이라도 듣는 사람이 불쾌하다고 느끼면 언어폭력이 되는 것입니다.

4 원리4 주장과 근거가 알맞은지 확인해요. ㉠은 주장이 아니라 문제 상황에 해당합니다.

[참고] 말과 관련된 속담
• 말 한마디에 천 냥 빚도 갚는다.
➡ 말만 잘하면 어려운 일이나 불가능해 보이는 일도 해결할 수 있다는 뜻입니다.
• 가는 말이 고와야 오는 말이 곱다.
➡ 다른 사람에게 말이나 행동을 좋게 해야 자기에게도 좋은 말과 행동이 돌아온다는 뜻입니다.

글의 특징
갯벌의 가치를 알고 갯벌을 보호하는 데 힘을 기울이자고 주장하는 글입니다. 갯벌이 가진 다양한 가치를 근거로 제시했습니다.

문단별 중심 내용
가	갯벌은 다양한 가치를 지니고 있다.
나	갯벌은 수많은 생물의 보금자리 역할을 한다.
다	갯벌은 자연재해를 막아 준다.
라	갯벌은 바다 오염을 막아 준다.
마	갯벌의 가치를 알고 갯벌을 보호해야 한다.

┤106~107쪽├

1 갯벌		2 ①	
3 홍수, 해일, 태풍		4 ④	

풀이

1 원리1 주장하는 내용을 확인해요. '갯벌'이라는 낱말의 뜻을 설명한 것입니다.

2 원리1 주장하는 내용을 확인해요. 글쓴이는 조개를 캐거나 소금을 얻는 것 외에도 갯벌이 다양한 가치를 지니고 있다고 했습니다.

3 원리3 근거가 주장을 어떻게 뒷받침하는지 찾아요. 글쓴이는 갯벌이 자연재해로부터 인간을 보호해 준다고 말하면서 자연재해의 예로 홍수, 해일, 태풍을 들었습니다.

4 원리4 주장과 근거가 알맞은지 확인해요. 이 글의 주장은 '갯벌의 가치를 알고 갯벌을 보호하는 데 힘을 기울이자.'입니다. 주장을 뒷받침하는 근거로 갯벌은 '생물의 보금자리 역할을 한다.', '자연재해로부터 인간을 보호해 준다.', '바다가 오염되는 것을 막아 준다.'를 들었습니다.

◀ 갯벌에 사는 게

노 키즈 존, 과연 바람직한가?

글의 특징

노 키즈 존을 만들어도 괜찮은지 생각해 보자고 주장하는 글입니다. 노 키즈 존으로 인해 발생하는 여러 문제를 근거로 제시했습니다.

문단별 중심 내용

가	노 키즈 존이 늘고 있다.
나	모든 아이가 가게를 이용할 수 없게 하는 것은 지나친 결정이다.
다	노 키즈 존으로 인해 부모와 아이가 불편해진다.
라	어린아이에 대한 부정적인 생각이 자리 잡을 수도 있다.
마	노 키즈 존을 만드는 것을 다시 생각해 봐야 한다.

┤108~109쪽├

1 노 키즈 존

2 서론: 가 본론: 나, 다, 라 결론: 마

3 ①   4 ①

풀이

1 **원리1** 주장하는 내용을 확인해요. 글쓴이는 노 키즈 존을 만들어도 괜찮은지 생각해 보아야 한다고 주장하였습니다.

2 **원리2** 글의 짜임을 파악해요. 이 글의 서론은 가, 본론은 나, 다, 라, 결론은 마입니다.

3 **원리4** 주장과 근거가 알맞은지 확인해요. ㉠은 주장에 대한 근거가 아니라 문제 상황을 제시한 것입니다.

4 **원리5** 글쓴이의 생각과 내 생각을 비교해요. 글쓴이는 노 키즈 존이 바람직하지 않다고 생각하고 있습니다. 따라서 '가게도 원하는 손님만을 받을 권리가 있다.'라는 것은 글쓴이의 관점과 차이가 있습니다.

오답 풀이

②, ⑤ 다에서 어린아이와 어린아이의 부모라는 이유로 불편을 겪게 되는 것은 문제라고 하였습니다.

③, ④ 나에서 잘못을 저지르는 일부 아이들과 부모 때문에 모든 아이가 가게를 이용할 수 없게 하는 것은 지나치다고 하였습니다.

드론을 함부로 날리면 안 된다

글의 특징

드론을 함부로 날리도록 허락하면 안 된다고 주장하는 글입니다. 드론으로 인해 사생활이 침해될 수 있고, 사람들이 다칠 위험이 있다는 근거를 제시했습니다.

문단별 중심 내용

가	요즘 드론이 다양한 분야에서 사용되고 있다.
나	함부로 드론을 날릴 수 있게 해서는 안 된다.
다	드론 때문에 사생활이 침해될 수 있다.
라	드론 때문에 사람이 다칠 위험이 있다.
마	드론을 함부로 날리도록 허락해서는 안 된다.

┤110~111쪽├

1 ②   2 군사, 적

3 ②   4 ③

풀이

1 **원리1** 주장하는 내용을 확인해요. 이 글에서 주장의 대상은 '드론'입니다.

2 **내용 이해** 드론은 원래 군사용으로 개발되어 적을 감시할 때 사용되었으나, 요즘은 방송 촬영 같은 다양한 분야에서 사용된다고 하였습니다.

3 **원리2** 글의 짜임을 파악해요. 이 글의 서론은 가, 나입니다.

4 **원리4** 주장과 근거가 알맞은지 확인해요. 글쓴이는 드론을 함부로 날려서는 안 된다고 주장하고 있습니다. 그 근거로 드론으로 인한 사생활 침해와 드론 때문에 사람이 다칠 수 있다는 것을 들었습니다.

오답 풀이

① 다에서 드론을 함부로 날리면 사생활을 침해할 수 있다고 하였습니다.

② 라에서 드론을 함부로 날리면 사람들이 다칠 위험도 있다고 하면서 드론의 프로펠러가 몸에 닿기라도 하면, 큰 상처를 입게 된다고 하였습니다.

④, ⑤ 라에서 드론이 떨어져 사람들이 다치거나, 대형 교통사고로 이어질 수도 있다고 하였습니다.

백제 의자왕은 타락한 왕인가?

의자왕을 무능하고 타락한 왕으로만 여겨서는 안 된다고 주장하는 글입니다. 글쓴이는 의자왕에 대한 오해를 바로 잡기 위해 여러 근거를 제시했습니다.

문단별 중심 내용

가	사람들은 의자왕을 백제를 멸망시킨 타락한 왕으로 생각한다.
나	의자왕은 태자 시절에 사람들에게 칭송을 받았다.
다	의자왕은 왕위에 올라서도 나라를 잘 다스렸다.
라	신라와 당나라 연합군이 백제를 무너뜨리고, 의자왕은 죽음을 맞았다.
마	『삼국사기』는 신라의 시각에서 백제 의자왕의 행적을 기록한 것이다.
바	삼천 궁녀 이야기는 사실과 다르다는 견해가 많다.
사	의자왕을 무능하고 타락한 왕으로만 여겨서는 안 된다.

112~114쪽

1 ②	2 해동 증자	3 ⑤
4 ③	5 ③　6 ②	7 준하

풀이

1 **원리1** 주장하는 내용을 확인해요. 이 글에서 글쓴이는 백제 의자왕에 대해 말하였습니다.

2 **내용 이해** '해동'은 한반도를 가리키고, '증자'는 효성이 지극하고 총명하기로 이름난 중국의 학자였습니다.

3 **원리1** 주장하는 내용을 확인해요. 글쓴이는 의자왕을 그저 무능하고 타락한 왕으로만 여겨서는 안 된다고 주장하고 있습니다.

4 **원리2** 글의 짜임을 파악해요. 가는 서론, 나~바는 본론, 사는 결론에 해당합니다.

5 **원리3** 근거가 주장을 어떻게 뒷받침하는지 찾아요. 글쓴이는 자신의 주장을 뒷받침하기 위해 『삼국사기』에 쓰여 있는 글을 인용했습니다.

6 **원리4** 주장과 근거가 알맞은지 확인해요. 『삼국사기』는 훗날 신라에서 만든 역사책입니다.

7 **원리5** 글쓴이의 생각과 내 생각을 비교해요. 글쓴이는 의자왕을 그저 무능하고 타락한 왕으로만 여기는 것은 잘못이라는 관점을 가지고 있습니다.

문화재를 보호하자

문화재를 보호하자고 주장하는 글입니다. 문화재를 보호해야 하는 이유와, 문화재 보호를 위한 여러 해결 방안을 제시했습니다.

문단별 중심 내용

가	숭례문 화재로 문화재를 보호해야 한다는 목소리가 나온다.
나	문화재는 여러 면에서 중요하므로 보호해야 한다.
다	문화재 보호 인력을 늘리고 오래된 CCTV를 교체해야 한다.
라	관람객의 편의보다 문화재 보호를 우선해야 한다.
마	개개인이 문화재 관람 수칙을 지켜야 한다.
바	문화재 보호에 힘을 기울여야 한다.

115~117쪽

1 ①	2 (1) ○ (3) ○	3 ②
4 ③	5 ③　6 유진	

풀이

1 **원리1** 주장하는 내용을 확인해요. / **원리2** 글의 짜임을 파악해요. 이 글에서 주장의 대상은 '문화재'입니다.

2 **원리3** 근거가 주장을 어떻게 뒷받침하는지 찾아요. 문화재를 순찰하고 감시하기 위해 CCTV를 설치하는 것은 바람직한 일입니다.

3 **원리2** 글의 짜임을 파악해요. 이 글에서 글쓴이가 제시한 문제 상황은 문화재가 제대로 보호되지 않고 있다는 것입니다.

4 **원리2** 글의 짜임을 파악해요. 이 글에서 해결 방안이 제시된 부분은 다, 라, 마입니다.

5 **원리4** 주장과 근거가 알맞은지 확인해요. 글쓴이는 한번 훼손된 문화재는 복원하기 힘들기 때문에 문화재를 보호하기 위해 다양한 노력을 기울여야 한다고 했습니다.

6 **내용 이해** 글쓴이는 문화재를 보호하려는 마음으로 사소한 행동 하나라도 조심해야 한다고 했습니다. 따라서 문화재를 손으로 만지지 않고 질서 있게 관람한 유진이가 바르게 행동한 친구입니다.

지역 이기주의를 극복하자

글의 특징
지역 이기주의를 극복하자고 주장하는 글입니다. 지역 이기주의로 인한 문제와, 문제를 해결할 수 있는 다양한 방법을 제시했습니다.

문단별 중심 내용

1문단	지역 이기주의가 심해지고 있다.
2문단	지역 이기주의 때문에 여러 문제가 일어난다.
3문단	혐오 시설에 대한 생각을 바꾸어야 한다.
4문단	지방 정부와 지역 사람들이 의견을 나누어야 한다.
5문단	지역 사람들에게 도움을 주는 시설을 함께 만드는 것도 방법이다.
6문단	지역끼리 힘을 합해 문제를 해결할 수도 있다.
7문단	함께 행복한 사회를 만들도록 지역 이기주의를 극복하자.

┤ 118~120쪽 ├

1 지역 이기주의   2 ②
3 (1) ㉠ (2) ㉡, ㉢, ㉣, ㉤
4 ⑤   5 ①   6 ④

풀이

1 **원리1** 주장하는 내용을 확인해요. 자기 지역에 쓰레기 소각장, 하수 처리장 등의 시설이 들어서는 것을 심하게 반대하는 것 등이 지역 이기주의에 해당합니다.

2 **내용 이해** 글쓴이는 지역 이기주의를 극복해야 한다고 주장하였습니다.

3 **원리2** 글의 짜임을 파악해요. ㉠은 문제 상황, ㉡, ㉢, ㉣, ㉤은 해결 방안입니다.

4 **원리3** 근거가 주장을 어떻게 뒷받침하는지 찾아요. 글쓴이는 지역 이기주의 문제를 해결하는 방법으로 '지역 사람들에게 도움을 주는 시설을 함께 만들 것'을 제안했습니다. 그 예로 경기도 이천시와 구리시의 사례를 들었습니다.

5 **원리3** 근거가 주장을 어떻게 뒷받침하는지 찾아요. 글쓴이는 지역끼리 협력해 문제를 해결할 수 있다고 했습니다. 이를 뒷받침하기 위해 환경 빅딜에 대해 설명하고, 환경 빅딜의 예를 근거로 제시했습니다.

6 **원리5** 글쓴이의 생각과 내 생각을 비교해요. 글쓴이는 쓰레기 소각장이나 하수 처리장처럼 사람들에게 필요한 시설물이 자기 지역에 들어서는 것을 무조건 반대해서는 안 된다고 했습니다.

초등 고학년 필수

지금
국어 독해를
해야 할 때

비문학 논설문

| 정답 및 풀이 |